MISSÃO E MISERICÓRDIA

A transformação missionária da Igreja
segundo a *Evangelii gaudium*

PAULO SUESS

MISSÃO E MISERICÓRDIA

A transformação missionária da Igreja segundo a *Evangelii gaudium*

Paulinas

Dados Internacionais de Catalogação na Publicação (CIP)
(Câmara Brasileira do Livro, SP, Brasil)

Suess, Paulo
    Missão e misericórdia : a transformação missionária da Igreja segundo a Evangelii gaudium / Paulo Suess. – São Paulo : Paulinas, 2017.
    – (Coleção ecos de Francisco)

    Bibliografia.
    ISBN: 978-85-356-4266-7

    1. Documentos papais 2. Misericórdia 3. Missão da Igreja 4. Missiologia 5. Teologia pastoral I. Título II. Série.

17-01045   CDD-266.001

Índice para catálogo sistemático:
1. Missiologia : Cristianismo   266.001
2. Teologia da missão : Cristianismo   266.001

1ª edição – 2017
1ª reimpressão – 2017

Direção-geral: *Bernadete Boff*

Editores responsáveis: *Vera Ivanise Bombonatto e João Décio Passos*

Copidesque: *Ana Cecilia Mari*

Coordenação de revisão: *Marina Mendonça*

Gerente de produção: *Felício Calegaro Neto*

Projeto gráfico: *Manuel Rebelato Miramontes*

Diagramação: *Jéssica Diniz Souza*

Imagem de capa: *Fotolia – ©filipefrazao e ©phalia*

Nenhuma parte desta obra poderá ser reproduzida ou transmitida por qualquer forma e/ou quaisquer meios (eletrônico ou mecânico, incluindo fotocópia e gravação) ou arquivada em qualquer sistema ou banco de dados sem permissão escrita da Editora. Direitos reservados.

Paulinas
Rua Dona Inácia Uchoa, 62
04110-020 – São Paulo – SP (Brasil)
Tel.: (11) 2125-3500
http://www.paulinas.com.br – editora@paulinas.com.br
Telemarketing e SAC: 0800-7010081

© Pia Sociedade Filhas de São Paulo – São Paulo, 2017

Aos bem-aventurados do Reino

Na luta e na contemplação,
Nas conversas noite adentro,
No desespero e na oração,
De braços dados
Com os bem-aventurados do Reino,
Com indígenas na estrada acampados,
Com pobres barrados na porta da Lei,
Migrantes esperando no semáforo
Que nunca lhes dá sinal verde
Para percorrer a vida em liberdade.
Missionárias e missionários
Sem plano de carreira,
Sem instrumentos náuticos
Para navegar nesse mar de miséria.
Aviso aos navegantes:
O conforto da gaiola dourada
Não compensa o sofrimento da solidão.
Vocês não terão mais esperança,
Como posse de ontem e hoje de manhã;
Vocês serão esperança e resgatam ela
Nas frestas da vida mutilada,
No caminho da missão,
Nas galáxias da misericórdia.
A travessia por esses territórios
Faz a vida outra vez vibrante
Na luta e na gratuidade,
Na contramão da competição,
Partilha relevante,
Na simplicidade do pão.

Sumário

Siglas 9

1. Panorama 11

2. Proposta 17

3. Itinerário 27

4. "Escândalo produtivo" 31

5. Conteúdo 35

6. Herança 47

7. Ruptura 55

8. Cinco alegrias na evangelização 61

9. "A alegria do Evangelho" vista no retrovisor e com binóculo 93

Siglas

AG   *Ad gentes*, Decreto sobre a atividade missionária da Igreja (07.12.1965)

CM   Conclusões de Medellín. II Conferência Geral do Episcopado Latino-Americano, 1968

DAp   Documento de Aparecida. V Conferência Geral do Episcopado Latino-Americano e do Caribe, 2007

DH   *Dignitatis humanae*, Declaração sobre a liberdade religiosa (07.12.1965)

DP   Documento de Puebla. III Conferência Geral do Episcopado Latino-Americano, 1979

DSD   Documento de Santo Domingo. IV Conferência Geral do Episcopado Latino-Americano, 1992

DV   *Dei Verbum*, Constituição dogmática sobre a revelação Divina (18.11.1965)

EG   *Evangelii gaudium*, Exortação Apóstolica sobre o Anúncio do Evangelho no mundo atual, de Francisco (24.11.2013)

EN   *Evangelii nuntiandi*, Exortação apostólica sobre a evangelização no Mundo Contemporâneo, de Paulo VI (08.12.1975)

GD   *Gaudete in Domino*, Exortação apostólica sobre a alegria cristã, de Paulo VI (09.05.1975)

GS   *Gaudium et spes*, Constituição pastoral sobre a Igreja no mundo de hoje (07.12.1965)

JMJ   Jornada Mundial da Juventude, Rio 2013

LG   *Lumen gentium*, Constituição dogmática sobre a Igreja (21.11.1964)
PPC Plano Pastoral do Conselho Indigenista Missionário (Cimi), 3. ed., 2013
UR   *Unitatis redintegratio*, Decreto sobre o ecumenismo (21.11.1964)

Panorama

O primeiro capítulo da Exortação apostólica *Evangelii gaudium* sobre o anúncio do Evangelho no mundo atual (EG, 2013) é como se fosse o fundo musical de uma sinfonia intitulada "A alegria do Evangelho". Mas como a gente nasce gritando e a canção é uma conquista posterior, assim também a alegria do Evangelho é uma conquista, um aprendizado, em meio a gritos, sofrimentos e tristezas. A alegria do Evangelho não faz da dor um rodapé da vida, mas atravessa a dor e a cruz na esperança da ressurreição.

Num mundo de aceleração dos processos de produção e reflexão, em que não somente os produtos de mercado, mas também os paradigmas de pensamento são rapidamente descartados, o "intervalo criativo" que a EG nos impõe pode ser compreendido como revisão de vida ou reparo emergencial, comparável aos *pit stops,* intervalos que os pilotos da Fórmula 1 são obrigados a fazer em suas corridas. Esses pequenos intervalos servem para trocar pneus, retirar fuligem das entradas de ar e reabastecer o tanque com combustível. A EG pode-se considerar um desses *pit stops* da Igreja universal na corrida cinquentenária pós-conciliar, um realinhamento e reabastecimento da caminhada entre a raiz do Evangelho, a caminhada desde o Vaticano II e o horizonte da EG.

Comparar a *Evangelii gaudium* com um *pit stop* na corrida de Fórmula 1 também é procedente, porque não estamos sozinhos na pista – o próprio capitalismo é um desses pilotos disputando na mesma pista, onde se oferece como "bem-estar" uma medalha de ouro para 1% dos vencedores da humanidade, enquanto mais da metade dos seres humanos é consolada com medalhas de latão, sonhando para os bisnetos a medalha do "bem viver".

Correm conosco também o movimento ecumênico e setores com outras leituras do Evangelho. Às vezes, as fronteiras entre zelo autêntico pela transmissão da fé e patologias proselitistas são difusas. Competem nesta pista ainda, com uma torcida crescente, não somente seitas fundamentalistas, mas o mundo secularizado e a própria modernidade ocidental, com suas exigências e promessas de historicidade, subjetividade, autonomia e racionalidade – promessas, ao mesmo tempo, cumpridas e traídas.

Também nos encontramos numa situação concorrencial de mercado religioso, em que devemos distinguir entre dois programas opostos: o da inculturação, ou inserção no mundo, e o da alienação cultural, que assume valores capazes de destruir a proposta do Evangelho. Essa alienação cultural não dispensa os esforços da encarnação. Jesus não se encarnou num mundo perfeito, pelo contrário, tornou-se vítima de um mundo imperfeito. A missão se encarna nas limitações humanas (cf. EG 40-45).

Diante do mundo e de sua realidade sociocultural, tomando como ponto de partida o método indutivo, devemos aprender a transformar situações de concorrência em situações de cooperação. A encarnação tem essa finalidade. "Jesus de Nazaré encarnou-se por causa da nossa salvação." Encarnação, inserção ou inculturação precedem à libertação salvífica, Natal precede à Páscoa.

As paradas para corrigir erros ou trocar pneus gastos podem ser chamadas de inícios de "conversão" e de "reforma permanente" (EG 26; UR 6). Trata-se de uma conversão das pessoas e das estruturas: "Há estruturas eclesiais que podem chegar a condicionar (frear) um dinamismo evangelizador" (EG 26), escreve o papa. Estruturas podem corromper a mensagem, frear a caminhada e impossibilitar a transformação almejada. Na EG, Francisco retoma a esperança do Papa João XXIII, que convocou o Concílio Ecumênico para "restituir ao rosto da Igreja de Cristo o esplendor dos traços mais simples e mais puros de suas origens".[1]

O título deste livro nos encaminha, com três palavras fortes – "missão", "transformação", "misericórdia" –, para a leitura da *Evangelii gaudium* (2013), que trata da "alegria do Evangelho" no anúncio de uma Boa-Nova ao mundo atual. "Missão" e "misericórdia" exigem a "transformação" de uma Igreja institucionalmente sedentária, às vezes, prisioneira de uma "tradição desfigurada" e enrijecida no decorrer de sua história. "Ganhamos plenitude quando derrubamos os muros e o coração se enche de rostos e de nomes" (EG 274).

Para o autor da *Evangelii gaudium* (EG), essa não era uma tarefa fácil. Para seus leitores, será uma leitura cheia de surpresas e estímulos para sua vida pessoal e o futuro da Igreja, desde que eles não confundam a transformação missionária da Igreja por meio da demolição de paredes de séculos passados com os questionamentos de sua autorreferencialidade em tempos atuais.

Ao assumir seu pontificado, o Papa Francisco percebe que o corpo eclesial precisa de uma transformação curativa de sintomas eclesiais de depressão e autorreferencialidade. A receita experimentada na periferia de Buenos Aires, Francisco propõe agora para a Igreja universal, tendo os seguintes imperativos como categóricos:

---

[1] Mensagem da CNBB sobre a celebração do 50º aniversário do Concílio Ecumênico Vaticano II (26.04.2012).

- "Não deixemos que roubem nosso entusiasmo missionário" (EG 80).
- "Não deixemos que nos roubem a esperança" (EG 86).
- "Não deixemos que nos roubem o Evangelho" (EG 97).
- "Não deixemos que nos roubem a força missionária" (EG 109).

Quem são esses ladrões que roubam o entusiasmo, a esperança e o próprio Evangelho? O abismo entre pobres e ricos, a depressão e a autorreferencialidade com seus anexos de autoritarismo, fundamentalismo e consumismo. O remédio proposto pelo papa, para todos esses males, é o reavivamento da "natureza missionária" do povo de Deus. Ele é o antídoto contra o esquecimento da "natureza missionária" e o sufocamento da "alegria do Evangelho" entre os batizados.

No encontro com a Comissão de Coordenação do Celam, durante a Jornada Mundial da Juventude, em 28 de julho de 2013, no Rio de Janeiro, Francisco explica as dimensões da missão, segundo o evento de Aparecida: Aparecida, disse Francisco, "prolonga-se na Missão Continental", que tem duas dimensões: a programática e a paradigmática. A primeira se refere a "atos de índole missionária". A segunda, a

> missão paradigmática, por sua vez, implica colocar em chave missionária a atividade habitual das Igrejas particulares. Em consequência disso, evidentemente, verifica-se toda uma dinâmica de reforma das estruturas eclesiais. A "mudança de estruturas" (de caducas a novas) não é fruto de um estudo de organização do organograma funcional eclesiástico, de que resultaria uma reorganização estática, mas é consequência da dinâmica da missão.[2]

---

[2] *Palavras do Papa Francisco no Brasil*. São Paulo, Paulinas, 2013, p. 133s.

Nos 50 anos pós-conciliares, essa "natureza missionária" não foi esquecida. Estava presente em simpósios e conferências, em faculdades de Teologia e em dioceses, em congregações missionárias e nas Obras Pontifícias (POM), mas o vínculo entre batismo e missão não alcançou ressonância significativa no povo de Deus, algo que é necessário para transformar a Igreja e o mundo. O Papa Francisco assume a "natureza missionária" do povo de Deus como pilar de sustentação de seu projeto pastoral e eclesiológico. A *Evangelii gaudium* (EG) representa um "intervalo criativo" para reabastecer a reflexão e a prática missionárias do povo de Deus.

2

Proposta

Antes de sua publicação, os três principais documentos do Papa Francisco – a *Evangelii gaudium* (2013), a *Laudato sí* (2015) e a *Amoris laetitia* (2016) – já despertavam uma grande curiosidade na mídia e também no interior das Igrejas. Parecia que o Vaticano ia lançar um novo volume de *Harry Potter* ou uma versão mais avançada do iPad, da Apple, ou do Android, da Google. A ânsia por novidade, por um lado, e por autenticidade, por outro, encontrou no jeito despojado do Papa Francisco alguma razão de ser.

A novidade parece se chamar Francisco pela sua origem "do fim do mundo", sua comunicação direta, seus gestos, seu estilo de vida, além disso, sua proximidade aos socialmente excluídos produziu um "choque de gestão" eclesial. O papa sabia que essa "novidade" poderia aparecer como "personalismo", que ele queria combater, ou como rupturas, desde que não sejam fundamentadas no Evangelho e na tradição. Por isso, o Papa Francisco faz um grande esforço para não legitimar essas novidades com sua pessoa, mas com a novidade provocativa do Evangelho. Tudo dependerá, escreve na EG, de "um anúncio renovado", que proporciona "aos crentes, mesmo tíbios ou não praticantes, uma nova alegria na fé" (EG 11). A novidade está em Jesus Cristo, que "é a boa-nova de valor eterno. [...]. Sua riqueza e beleza são inesgotáveis. Ele é sempre jovem e fonte de constante novidade" (EG 11). Seus mistérios são inesgotáveis.

Em sua mensagem aos colegas do pré-conclave, o Cardeal Bergoglio antecipou elementos essenciais da *Evangelii gaudium* e propôs ao próximo papa sua expectativa e visão pastoral de Igreja, elencando quatro exigências:

Primeiro: evangelizar supõe zelo apostólico e audácia que impulsionam a saída de si mesmo e um caminho com rumo certo: periferias geográficas e existenciais. Essas periferias têm nomes concretos. São periferias do mistério, do pecado, da dor, das injustiças, das ignorâncias e da recusa religiosa, do pensamento e de toda miséria.

Segundo: a saída de si mesma liberta a Igreja de sua autorreferencialidade. Os males e as corrupções das instituições eclesiais têm raiz na autorreferencialidade, uma espécie de narcisismo teológico. Jesus bate de fora e de dentro nas portas da Igreja. Nós, às vezes, somos os carcereiros desse Jesus, e o prendemos, com exclusividade, no pensamento das nossas organizações.

Terceiro: a autorreferencialidade substitui o Sol de Cristo pela Lua da Igreja. Essa substituição do Sol pela Lua funciona como um divisor de águas entre dois modelos de Igreja: a Igreja evangelizadora, que sai de si até os confins do mundo, e a Igreja mundana, que vive em si, de si e para si, com títulos, competições "para dar-se glória uns aos outros". Para possíveis reformas da Igreja, deve-se escolher entre esses dois modelos.

Quarto: para concluir essas tarefas, o próximo papa deverá ser "um homem que, a partir da contemplação de Jesus Cristo [...] ajude a Igreja a sair de si para as periferias existenciais, que a ajude a ser a mãe fecunda que vive da "suave e confortadora alegria de evangelizar'" (EN 80).[1]

---

[1] Intervenção do Cardeal Bergoglio no pré-conclave e itinerário do texto: <www.ihu.unisinos.br> (Notícias, 26.03.2013).

Essas poucas linhas representam indicadores essenciais para a construção de uma Igreja que se desloca para a periferia e, num mundo de aceleração, encontra tempo para cuidar, gratuitamente, daqueles que ficaram para trás e que, no frenesi da aceleração de todas as funções da vida, perderam o fôlego. "Não deixar ninguém para trás" é uma declaração de guerra à sociedade de classes, que alimenta os vencedores, como urubus, com a carniça dos vencidos.

Também na Igreja do Brasil, desde o Documento n. 80 da CNBB, intitulado "Evangelização e missão profética da Igreja", de 2005, era esperado um papa que compreendesse a evangelização como "uma ação eminentemente profética, anúncio de uma Boa-Nova portadora de esperança",[2] considerando sempre "a interpelação recíproca que se fazem constantemente o Evangelho e a vida concreta, pessoal e social".[3]

Como a crise mundial sempre atinge primeiro a vida mutilada dos pequenos, Francisco se encontra em suas viagens primeiro com os outros, os pobres e os, sistemicamente, deixados para trás e que caíram nas mãos de ladrões, como é paradigmaticamente descrito na parábola do bom samaritano (Lc 10,30-37). Os pobres, que têm questões concretas como casa, comida e trabalho, são o centro de radiação de sua teologia. Os pobres, os famintos e os que sofrem, em primeiro lugar! E através deles, ele chega ao Evangelho, à ecologia e à vida familiar. Através da assunção dos outros, dos pobres e dos esquecidos, Francisco procura devolver ao Evangelho ressonância no mundo e criar espaços na Igreja.

---

[2] *Evangelização e missão profética da Igreja: novos desafios*. São Paulo, Paulinas, p. 22 (Documentos da CNBB, n. 80).

[3] Ibid., p. 21; EN 29.

A sensibilidade política do peregrino Francisco, a autenticidade de seus gestos e sua presença de espírito na própria Igreja produziram um interesse público em seus escritos e falas, sobretudo quando são espontâneas, como nunca se experimentou nos últimos séculos na Igreja católica. Finalmente chega alguém à cátedra de Pedro que tem a coragem de falar claro, e sem fórmulas diplomáticas, do óbvio, de mudanças necessárias na Igreja, do direito fundamental do acesso a um teto, ao trabalho e a um pedaço de terra para viver. Finalmente Deus nos envia alguém com a capacidade de qualificar, não só teologicamente, mas na vida concreta, o outro como imagem de Deus – o pobre e os que ficaram para trás – a partir de uma fraternidade universal, como irmãos e irmãs de uma família humana. Seu resgate é um imperativo categórico do Cristianismo.

Francisco assume como projeto de seu pontificado os três grandes problemas estruturais da sociedade mundial: o reconhecimento do outro, a redistribuição dos bens para todos e a desaceleração dos processos de trabalho e vida.

Com a *Evangelii gaudium*, ele procura colocar a sua Igreja em estado de alerta e em postura de saída, a fim de ter um encontro com aqueles que, faz tempo, saíram ou nunca entraram na Igreja. Lembramo-nos de sua primeira viagem como papa ao exterior, para Lampedusa (2013). Em suas viagens pela América, ele também visita primeiro os países pobres, como Equador, Bolívia e Paraguai. Cinquenta anos depois do Vaticano II, ele dá vida nova à Constituição pastoral *Gaudium et spes*, sobre a Igreja no mundo de hoje, de 1965, e dá à polaridade entre "alegria" e "tristeza", entre "esperança" e "angústia", muitas vezes separadas por muros, o binômio com o significado de uma ponte: "missão e misericórdia".

O título da *Evangelii gaudium*, A alegria do Evangelho, é quase um pleonasmo. Se o Evangelho é uma "boa notícia", então é óbvio que essa "boa notícia" suscite "alegria". Mas, às vezes, é necessário falar de um novo jeito do óbvio esquecido, do simples, que se tornou sofisticado, do claro obscurecido, do central que virou periférico e do conselho evangélico transmitido com dedo em riste e como receita. A Exortação apostólica *Evangelii gaudium*, do Papa Francisco, dirige-se ao público interno da Igreja e fala de uma nova maneira do "anúncio do Evangelho no mundo atual".

A *Evangelii gaudium* está sintonizada com a *Evangelii nuntiandi*, a Exortação apostólica sobre a evangelização no mundo contemporâneo, de Paulo VI, que já em 1975 definiu o anúncio do Evangelho como "proclamação clara que, em Jesus Cristo, Filho de Deus feito homem, morto e ressuscitado, a salvação é oferecida a todos os homens e mulheres, como dom da graça e da misericórdia do mesmo Deus" (EN 27). Essa misericórdia tem sua raiz na justiça de Deus, que é a justiça da ressurreição e que se desdobra na gratuidade e no perdão. A misericórdia, que é a linguagem das mãos estendidas, é, segundo Tomás de Aquino, a "maior de todas as virtudes" e na qual Deus "manifesta sua onipotência" (EG 37).

A missão anuncia essa onipotência divina na fragilidade do presépio e da cruz, lugares onde Deus se revela pequeno e vulnerável e que interpelam nossa fé e nossa esperança. A esperança brota no território da misericórdia e da paciência. Faz parte da missão "acompanhar, com misericórdia e paciência, as possíveis etapas de crescimento das pessoas, que se vão construindo dia após dia" (EG 44). Na solidariedade frágil do presépio e da cruz, ao nascer e morrer, Deus mostra a abrangência de seu amor.

Missão sem misericórdia seria uma nova missão colonial que dita as regras do jogo e submete o outro à interpretação limitada da própria doutrina. Na missão colonial, as obras precedem a graça e, afinal, fica sem graça.

Misericórdia sem missão significaria isolamento na autorreferencialidade e guardar para si – o papa fala de "autopreservação" (EG 27) e de se tornar "vítima de uma espécie de introversão eclesial" (ibid.) – o grande benefício do Cristianismo, o anúncio da misericórdia de Deus. Mas "a salvação, que Deus nos oferece, é obra da sua misericórdia. Não há ação humana, por melhor que seja, que nos faça merecer tão grande dom. Por pura graça, Deus atrai-nos para nos unir a si" (EG 112). E essa graça é dinâmica. Não é propriedade daquele que a recebeu. Ela permanece viva na doação, no anúncio e na prática da misericórdia.

> A comunidade missionária experimenta que o Senhor tomou a iniciativa, precedeu-a no amor (cf. 1Jo 4,10), e, por isso, ela sabe ir à frente, tomar a iniciativa sem medo, ir ao encontro, procurar os afastados e chegar às encruzilhadas dos caminhos para convidar os excluídos. Vive um desejo inexaurível de oferecer misericórdia, fruto de ter experimentado a misericórdia infinita do Pai e sua força difusiva. Ousemos um pouco mais no tomar a iniciativa! (EG 24).

Deus nos prioriza e "antecipa, pelo que, com a nossa intercessão, apenas possibilitamos que o seu poder, o seu amor e a sua lealdade se manifestem mais claramente no povo" (EG 283). Por trás dessas palavras está a experiência mística do próprio Mario Bergoglio, que, ainda como jovem estudante de 17 anos, se sentiu "priorizado" por Deus, "agarrado por dentro" e arrastado ao confessionário, lugar da misericórdia de Deus.[4]

---

[4] HIMITIAN, Evangelina. *A vida de Francisco: o papa do povo*. São Paulo, Objetiva, 2013, p. 24.

Esse episódio ressoa também em seu lema episcopal, do Evangelho da vocação de Mateus: "fitou os olhos com misericórdia nele e o escolheu – *miserando atque eligendo*" (cf. Mt 9,9ss).

A transformação missionária da Igreja descrita no primeiro capítulo da Exortação apostólica *Evangelii gaudium*, sobre o anúncio do Evangelho no mundo atual, será um processo interminável, porque pressupõe "cristãos virtuosos" e transformações culturais. Essas transformações, por serem históricas, nunca serão completas. O "cristão virtuoso", segundo Max Weber, seria um cristão ideal, completo, fora de série, heroicamente ascético, em todas as dimensões éticas da vida cristã. Para a canonização de um santo, a Igreja exige apenas que ele tenha vivido *uma* virtude, heroicamente. "A transformação missionária da Igreja" é um horizonte e o próprio papa fala de um sonho: "Sonho com uma opção missionária capaz de transformar tudo, para que os costumes, os estilos, os horários, a linguagem e toda a estrutura eclesial se tornem um canal proporcionado mais à evangelização do mundo atual que à autopreservação" (EG 27).

Apesar de algumas semelhanças, o Papa Francisco não é um "sonhador" como José do Egito, contra quem os irmãos, por ciúme, tramaram a morte, lançando-o numa cisterna (cf. Gn 37). Francisco sabe que o sonho pode estimular a realidade, mas que não deve substituí-la nem se desligar dela.

O ideal da "transformação missionária" de uma Igreja mundial não caminha sem a realidade corriqueira de uma administração paroquial e curial, sem funcionários, que têm contas para pagar, e voluntários aos quais o sistema econômico ainda deixou um espaço a sua disposição, nem sem pessoas concretas, que sempre serão ao mesmo tempo santas e pecadoras. Em várias ocasiões, Francisco insiste em ressaltar a importância do caráter missionário da paróquia. Em comunidades e paróquias, realiza-se o "ir ao encontro", seja nas periferias urbanas, continentais ou do mundo globalizado. E essas periferias podem ser próximas ou distantes, geográficas, sociais, culturais ou psicológicas. No mundo globalizado, a missão *ad gentes* passa de porta em porta.

Para a percepção dessa missão que vai de porta em porta, a EG lembra as Conclusões de Medellín (CM), que já prometeram, em 1968, a revisão de "uma pastoral de conservação, baseada numa sacramentalização com pouca ênfase na prévia evangelização" (CM 6,1), cobrou dos sacerdotes "uma especial solidariedade de serviço humano, expressa numa viva dimensão missionária" (CM 6,17) e sonhou com "uma Igreja autenticamente pobre, missionária e pascal" (CM 5,15). Aparecida repete tudo isso ao propor uma paróquia "casa dos pobres" (DAp 8) e samaritana (DAp 176), missionária (DAp 173, 306) e pascal (cf. DAp 267), desburocratizada (DAp 215), profética (DAp 220, 342, 414, 451) e com estruturas novas de participação (DAp 365). Em Aparecida já escutamos a voz do redator responsável pelo documento final, Jorge Mario Bergoglio.

A partilha das experiências pastorais em nossas realidades faz parte do método de trabalho missionário. Não só as paróquias como também as Conferências Episcopais são espaços vitais para a partilha dessas experiências: "Faz falta, pois, uma progressiva valorização do elemento local e regional. Não é suficiente a burocracia central, mas é preciso fazer crescer a colegialidade e a solidariedade; será uma verdadeira riqueza para todos".[5] O método indutivo não funciona numa Igreja centralizada, cuja distância da realidade diminui sua capacidade de entendê-la.

---

[5] *Palavras do Papa Francisco no Brasil (JMJ)*. São Paulo, Paulinas, 2013, p. 103.

Entre o ideal e a realidade poderia existir uma vigilância recíproca. Mas quem pode controlar a rigidez administrativa e o sedentarismo acomodado de um setor numa Igreja na qual o outro setor representa uma Igreja em saída, portanto, uma Igreja missionária que "não está nem aí" (porque saiu) para fiscalizar os "dormentes" que deveriam segurar os trilhos?

Sabemos que a luz elétrica é gerada somente a partir de dois polos opostos. Francisco, que procura derrubar muros e construir pontes, propõe, desde o início de seu pontificado, que haja sempre a interação de polos opostos para a realização de qualquer atividade pastoral: o sonho e a realidade sem muros, missão e misericórdia como ponte.

Itinerário

A *Evangelii gaudium* remete à XIII Assembleia Geral Ordinária do Sínodo dos Bispos, que em 2012, de 7 a 28 de outubro, ainda durante o pontificado de Bento XVI, discutiu "A nova evangelização para a transmissão da fé cristã". Depois de cada Sínodo romano, faz parte do dever de casa do respectivo papa o "resumo" dos trabalhos apresentados pelos sinodais, para que os devolva como exortação apostólica à comunidade católica. Entre as exortações apostólicas elaboradas pelo respectivo papa e os documentos finais das Conferências existe uma grande diferença. Os participantes das Conferências, como aconteceu nas Conferências de Medellín até Aparecida, fazem eles mesmos a síntese dos trabalhos e apresentam seu "documento final".

A *Evangelii gaudium*, do Papa Francisco, vai muito além de uma síntese do Sínodo. Em vários itens, o papa menciona o Sínodo (cf. EG 14, 16, 73, 112, 245), contudo, não faz do seu texto apenas um resumo do material herdado e ainda redigido no tempo de seu antecessor, mas um escrito autônomo e programático de seu pontificado.

Para Francisco, o foco da "nova evangelização" não é a recaptura, nas modalidades antigas avivadas, daqueles destinatários que abandonaram a Igreja, mas ele se dirige aos sujeitos da evangelização: "A nova evangelização deve implicar um novo protagonismo de cada um dos batizados. [...]. Não digamos mais que somos 'discípulos' e 'missionários', mas sempre que somos 'discípulos missionários' (EG 120) que compõem a comunidade missionária. Nela se gesta o sonho de "uma opção missionária capaz de transformar tudo, para que os costumes, os estilos, os horários, a linguagem e toda a estrutura eclesial se tornem um canal proporcionado mais à evangelização do mundo atual que à autopreservação" (EG 27) da Igreja. Com uma palavra: na "nova evangelização" não se trata apenas de aprofundar o zelo dos evangelizadores, mas de uma transformação do paradigma missionário capaz de transformar tudo e que não distingue entre sujeitos e destinatários da evangelização. Todos somos sujeitos e destinatários do Evangelho: "Seria inapropriado pensar num esquema de evangelização realizado por agentes qualificados enquanto o resto do povo fiel seria apenas receptor das suas ações. A nova evangelização deve implicar um novo protagonismo de cada um dos batizados" (EG 120).

"A nova evangelização é um convite a reconhecer a força salvífica" (EG 198) da vida dos pobres. Não pelo catecismo, mas "nas suas próprias dores conhecem Cristo sofredor. É necessário que todos nos deixemos evangelizar por eles" (EG 198). Adorno expressou esse pensamento em linguagem secular: "A necessidade de dar voz ao sofrimento é condição de toda verdade" (Adorno, *Dialética negativa*, 2005, p. 24).

Como a Constituição pastoral *Gaudium et spes*, do Vaticano II, também a EG assumiu o discurso indutivo, muitas vezes interrompido no tempo pós-conciliar. A GS, mais do que outros documentos do Vaticano II, assume um discurso indutivo, partindo da vida concreta da humanidade, das alegrias e esperanças, das tristezas e angústias, "sobretudo dos pobres e de todos os que sofrem" (GS 1). A leitura dos "sinais dos tempos" e a interpretação das mensagens que Deus envia a partir do mundo secular à sua Igreja foram reconhecidas como formas de revelações históricas: "A própria Igreja não ignora o quanto tenha recebido da história e da evolução da humanidade", nos informa a *Gaudium et spes* (GS 44,1).

O pensamento e a pastoral indutivos dão voz de intervenção à realidade concreta. A "conversão pastoral" depende da escuta dessa voz da realidade que interfere em nossos discursos e textos.

> Quanto ao método, é decisivo lembrar que uma herança sucede como na passagem do testemunho, do bastão, na corrida de estafeta [...]. Para transmitir a herança é preciso entregá-la pessoalmente, tocar a pessoa para quem você quer doar, transmitir essa herança.[1]

A análise da realidade acontece no encontro com ela, na dor, na fome, na prisão, nas múltiplas perdas que a vida impõe aos sobreviventes.

Partindo da vida concreta da humanidade, de suas alegrias e esperanças, tristezas e angústias (cf. GS 1), Francisco procura olhar nos olhos do outro. Seu ponto de partida para a missão da Igreja é o sofrimento concreto das pessoas, a indignação com a fome e a ganância, com a solidão e o abandono, com a falta de solidariedade e da redistribuição dos bens, e com a negação de reconhecimento. A palavra solidariedade pronunciada na porta de São Pedro impulsiona Francisco para a ação da solidariedade na periferia.

---

[1] *Palavras do Papa Francisco*. São Paulo, Paulinas, 2013, p. 104.

4

"Escândalo produtivo"

Dez dias depois da morte do Papa Paulo VI, em agosto de 1978, em uma Carta Aberta, os teólogos Karl Rahner e João Batista Metz se dirigiram à opinião pública e a eleitores do futuro papa, descrevendo o perfil que este deveria ter: "O futuro papa da nossa Igreja deveria ser um papa dos pobres e oprimidos do mundo!". O eurocentrismo eclesiástico e a ideologia ocidental não nos devem fazer cegos diante do mundo dilacerado por contradições profundas, que ameaçam tornar-se um abismo entre pobres e ricos, dominantes e dominados. E profeticamente, os autores dessa Carta continuam: o futuro papa "não deve ser um papa burguês ilustrado, que habilmente percorre o mundo; não deve ser um papa que garante a tradição eclesiástica como um mero administrador; não deve ser um papa tapa-buraco social". Um papa dos pobres e afligidos será também um papa "para os cristãos dos países ricos deste mundo. Para nós, ele se tornaria um 'escândalo produtivo', um líder daquela conversão, daquela revisão das nossas prioridades da vida, daquela negação de prosperidade, sem a qual é impossível chegar a uma comunhão de mesa entre pobres e ricos".[1]

---

[1] Für einen Papst der Armen und Unterdrückten dieser Welt. Offener Brief an die deutschen Kardinäle [Em favor de um papa dos pobres e oprimidos deste mundo. Carta Aberta aos cardeais alemães]. In: *Süddeutsche Zeitung Nr. 186* (18.08.1978): 8.

Trinta e cinco anos após esse clamor profético de Rahner e Metz, e depois de certo esgotamento de reservas de candidatos europeus para o ministério papal, com a eleição do jesuíta latino-americano Jorge Mario Bergoglio, no dia 13 de março de 2013, aconteceu aquele "escândalo produtivo", que favorece a credibilidade do Evangelho, anima o seguimento de Jesus e instaura, também, simbolicamente, uma comunicação mais direta com o povo de Deus.

Na EG não fala um papa "burguês ilustrado" nem um papa "tapa-buraco social". Fala um irmão da irmã pobreza:

> Enquanto não forem radicalmente solucionados os problemas dos pobres, renunciando à autonomia absoluta dos mercados e da especulação financeira e atacando as causas estruturais da desigualdade social, não se resolverão os problemas do mundo e, em definitivo, problema algum. A desigualdade é a raiz dos males sociais (EG 202).

Nunca um papa antes tinha apontado a sociedade de classe como divisor das águas evangelicamente contestável. Ao ouvir o discurso de Francisco no final do Terceiro Encontro dos Movimentos Sociais, estávamos tentados a exclamar: "Cumpriu-se a expectativa profética. *Habemos papam pauperum*: Temos um papa dos pobres!".

Nesse discurso, em 5 de novembro de 2016, o papa deu a todos nós um conselho sobre a articulação entre desapego e liderança:

> A qualquer pessoa que seja demasiado apegada às coisas materiais ou ao espelho, a quem ama o dinheiro, os banquetes exuberantes, as casas suntuosas, roupas de marca, carros de luxo, aconselharia que compreenda o que está a acontecer no seu coração e que reze a Deus para que o

liberte destes laços. Mas, parafraseando o ex-presidente latino-americano [José Mujica, do Uruguai], que está aqui, todo aquele que seja apegado a estas coisas, por favor, que não entre na política, não entre numa organização social ou num movimento popular, porque causaria muitos danos a si mesmo, ao próximo e sujaria a nobre causa que empreendeu. E que tampouco entre no seminário![2]

O papa dos pobres representa uma redução da complexidade da Igreja, enclausurada em "pequenas coisas"; representa uma simplificação de sua doutrina sofisticada, de seu estilo de vida e de linguagem. Nem por isso, o papa tornou-se anti-intelectual ou populista. Não é um "surfista", nas palavras de moda.

O "escândalo produtivo" não está apenas na utilização dos meios. Atinge também a transmissão da fé e a apresentação da doutrina:

> Uma pastoral em chave missionária não está obcecada pela transmissão desarticulada de uma imensidade de doutrinas que tentam impor à força. [...]. O anúncio concentra-se no essencial, no que é mais belo, mais importante, mais atraente e, ao mesmo tempo, mais necessário. A proposta acaba simplificada, sem com isso perder profundidade e verdade, e assim se torna mais convincente e radiosa (EG 35).

As "propostas simplificadas" da catequese e do anúncio são propostas do Vaticano II, que nos lembrou de "que existe uma ordem ou 'hierarquia' das verdades da doutrina católica, já que o nexo delas com o fundamento da fé cristã é diferente" (EG 36; UR 11).

---

[2] Ver sítio Rádio Vaticano, programação do dia 05.11.2016, ou <https://youtu.be/KQtR39GYLkA>.

Nessa "simplificação" eclesial em todas as suas dimensões institucionais, simbólicas, vivenciais e doutrinárias está o segredo da ressonância comunicativa que o Papa Francisco encontra hoje no mundo inteiro. E em sua entrevista ao jornal dos bispos italianos *Avvenire*, publicada no dia 17 de novembro de 2016, Francisco afirmou:

> A Igreja existe apenas como instrumento para comunicar às pessoas o plano misericordioso de Deus. No Concílio, [...] a Igreja subiu às fontes de sua natureza, ao Evangelho. Isso moveu o eixo da concepção cristã de um certo legalismo, que pode ser ideológico, à Pessoa de Deus, que se fez misericórdia na encarnação do Filho.

A transformação missionária da Igreja produz "sustos" através de novas linguagens, livres de diplomacias e conveniências. O "escândalo produtivo" se manifesta no protesto contra "um certo legalismo" eclesial e na tentativa de acordar a Igreja de zonas de sonolência pastoral: "A pastoral em chave missionária exige o abandono deste cômodo critério pastoral: 'fez-se sempre assim'. Convido todos a serem ousados e criativos nesta tarefa de repensar os objetivos, as estruturas, o estilo e os métodos evangelizadores das respectivas comunidades" (EG 33). A coragem dos mártires, a audácia dos profetas, a ousadia nas iniciativas de leigos e o despojamento de pastores com "cheiro de ovelhas" (EG 24), tudo isso é escandaloso para os ouvidos de "gestores" pastorais, que preferem a segurança do Direito Canônico à insegurança de pescadores de homens e mulheres, pobres e aflitos. Produtivo é esse escândalo como experiência pascal, na esperança da ressurreição.

Conteúdo

Na Exortação apostólica *Evangelii gaudium*, sobre o anúncio do Evangelho no mundo atual, o Papa Francisco nos faz percorrer em uma introdução e cinco capítulos, sem pretensões de "uma palavra definitiva ou completa", "temas relacionados com a evangelização no mundo atual" (EG 16), todos subordinados ao Capítulo I: "A transformação missionária da Igreja, que encontra seus desdobramentos nos Capítulos II-V".

A "nova etapa evangelizadora", escreve o papa na introdução ao primeiro capítulo (EG 1-18), tem por base doutrinária a Constituição dogmática *Lumen gentium* (cf. EG 17). Os diferentes temas abordados na EG têm a única finalidade de mostrar "a relevante incidência prática desses assuntos na missão atual da Igreja" e de "delinear um preciso estilo evangelizador", que deve ser assumido "no meio do nosso trabalho diário" (EG 18).

5.1. Mandato de Jesus (Capítulo I; EG 19-49)

A Igreja "em saída" deve ser como uma mãe de coração aberto. Para se aproximar desse ideal, precisamos, antes de tudo, não de uma pastoral de conversão, mas de uma pastoral "em conversão". Essa pastoral exige "uma renovação eclesial" que não se dirige, primeiramente, aos outros, e "que não se dirige apenas aos indivíduos, mas à Igreja inteira" e tem um nome concreto: "estado permanente" e "universal" de missão que vai muito além de uma "simples administração" (DAp 201; EG 25) ou de um trabalho setorial. O "estado permanente" e "universal" de missão tem "um significado programático" de uma pastoral "em chave missionária", a qual abrange todas as atividades pastorais. Essa conversão é inadiável, por se basear no "coração do Evangelho". Não se trata de uma transmissão "desarticulada de uma imensidade de doutrinas". O anúncio há de concentrar-se "no essencial" e a EG remete o leitor à "hierarquia das verdades da doutrina católica" (UR 11; EG 36). Às vezes, em nosso anúncio, transmitimos fórmulas e "não transmitimos a substância". "A expressão da verdade pode ser multiforme", e ao procurar encarnar o Evangelho nas limitações humanas, precisamos articular "a renovação das formas de expressão" com "a mensagem evangélica no seu significado imutável" (EG 41). Nem todas as culturas oferecem as mesmas possibilidades de encarnação. Um coração missionário "nunca se refugia nas próprias seguranças, nunca opta pela rigidez autodefensiva" (EG 45). Para acompanhar quem ficou caído à beira do caminho, sabe "diminuir o ritmo" e "renunciar às urgências" (EG 46) de seus planos pastorais. Ninguém, em nossa Igreja, deve esbarrar "com a frieza de uma porta fechada" (EG 47).

5.2. Realidade (Capítulo II; EG 50-109)

A realidade social, que estorva a transformação missionária da Igreja, está marcada por uma "crise do compromisso comunitário" no mundo secular e na própria Igreja.

Com os "sucessos que contribuem para o bem-estar das pessoas", não podemos esquecer que a maior parte da humanidade "vive seu dia a dia precariamente" (EG 52) e crescem "a falta de respeito e a violência, a desigualdade social torna-se cada vez mais patente" (ibid.). O sistema econômico favorece o crescimento dessa precariedade da exploração, opressão e desigualdade para a exclusão. "Essa economia mata" (EG 53). "Desenvolveu-se uma globalização da indiferença" (EG 54), na qual as vidas ceifadas "nos parecem um mero espetáculo" (ibid.). Uma das causas dessa situação está "no fetichismo do dinheiro e na ditadura de uma economia [...] sem um objetivo verdadeiramente humano" (EG 55). Os mecanismos da economia atual promovem, em consequência de um "consumismo desenfreado", "desigualdade social" (cf. EG 60), uma cultura correspondente, cujos fenômenos principais são um relativismo de valores, crises ideológicas e um subjetivismo que encontra dificuldade de inserção "num projeto comum que vai além dos benefícios e desejos pessoais" (EG 61). Nessa cultura que privilegia o imediatismo, a visibilidade e a rapidez, "o real cede lugar à aparência" (EG 62).

Em reação à sociedade secularizada, consumista, materialista e individualista, surgem "novos movimentos religiosos, alguns tendentes ao fundamentalismo" (EG 63) e a uma espiritualidade sem Deus. Também "a família atravessa uma crise cultural profunda" (EG 66). O individualismo pós-moderno e a globalização debilitam os vínculos entre as pessoas.

No mundo pós-moderno, persiste uma religiosidade popular muito além de meras "sementes do Verbo, visto que se trata de uma autêntica fé católica com modalidades próprias de expressão e pertença à Igreja" (EG 68). A EG propõe uma fórmula duvidosa, do âmbito da Conferência de Santo Domingo (1992), que teve um subtema denominado "cultura cristã": "evangelizar as culturas para inculturar o Evangelho", porque "toda cultura e todo grupo social necessitam de purificação e amadurecimento" (EG 69). Essa fórmula da "evangelização das culturas", que por sua vez pressupõe a possibilidade da construção de uma "cultura cristã", é hoje descartada pela antropologia teológica. É mais adequado falar em "evangelizar nas culturas". Não se evangelizam sistemas, e a cultura é um sistema. Evangelizam-se pessoas, e a purificação cultural, executada a partir da cultura de alguém de outro universo cultural, geralmente, contribuiu para a destruição das culturas. Não existe uma cultura pura ou um Evangelho sem roupagem cultural, a partir do qual se poderia pensar em evangelizar. As Conclusões de Puebla, que em sua Segunda Parte, no Capítulo III, ainda falam da "cultura cristã", substituíram – graças à redação final dessa parte das Conclusões por Dom Luciano Mendes de Almeida, membro da Comissão de Redação –, em suas linhas prioritárias, essa "cultura cristã" por "evangelização inculturada".

Não apenas o mundo, também a Igreja passa por uma crise comunitária, que afeta a atuação dos agentes pastorais. Muitos deles mostram "preocupação exacerbada pelos espaços pessoais de autonomia" (EG 78). Uma vida espiritual formal "de alguns momentos religiosos", às vezes, "não alimenta o encontro com os outros, o compromisso no mundo, a paixão pela evangelização" (EG 78). A perda de "identidade cristã" e "um complexo de inferioridade" podem "debilitar a entrega" e "sufocar a alegria da missão" (EG 79). Certo relativismo existencial pode induzir a um estilo de vida que faça agir como se Deus, os outros e os pobres não existissem, "em vez de dar a vida pelos outros na missão" (EG 80). "Muitos tentam escapar dos outros fechando-se na sua privacidade confortável ou no círculo reduzido dos mais íntimos, e renunciam ao realismo da dimensão social do Evangelho" (EG 88), que nos convida sempre a abraçar o risco do encontro com o rosto do outro, com a sua presença física que interpela, com seus sofrimentos e suas reivindicações. [...]. Na sua encarnação, o Filho de Deus convidou-nos à revolução da ternura" (ibid.).

Muitas das tentações dos agentes pastorais são nomeadas: acédia egoísta, perda do contato real com o povo, tendências depressivas, consumismo e mundanismo espiritual, autorreferencialidade, funcionalismo empresarial nas paróquias, desentendimentos internos nas comunidades, confusão entre "potestade sacramental" e " poder" (EG 104). E Francisco termina esse capítulo com um apelo para que não se deixe perder a alegria nem a audácia ou a esperança: "Os desafios existem para serem superados [...]. Não deixemos que nos roubem a força missionária" (EG 109).

5.3. Anúncio (Capítulo III; EG 110-175)

Por mera graça, todo o povo de Deus é sujeito da evangelização para todos. Este povo de Deus, com muitos rostos, "encarna-se nos povos da terra" (EG 115) e em suas múltiplas culturas que abrangem a totalidade de sua vida. "A graça supõe a cultura, e o dom de Deus encarna-se na cultura de quem o recebe" (ibid.). "A diversidade cultural não ameaça a unidade da Igreja" (EG 117), mas amplia a sua catolicidade. "Não faria justiça à lógica da encarnação pensar num Cristianismo monocultural" (EG 117), mas, às vezes, na Igreja, "caímos na vaidosa sacralização da própria cultura" (ibid.).

Desde nosso Batismo somos discípulos missionários, sujeitos ativos da evangelização. Não aceitamos a divisão entre "agentes" e "pacientes", entre dispensadores e receptores da graça de Deus (cf. EG 120). Por isso, consideramos que a piedade popular tem um valor importante na evangelização (cf. EG 122). "Ela é fruto do Evangelho inculturado" (EG 126).

Este Capítulo III da EG dedica à homilia um longo discurso (cf. EG 135-149), que constitui um pequeno tratado para os pregadores, que se devem colocar à escuta do povo (cf. EG 154).

Francisco propõe uma linguagem simples e positiva. Isso vale igualmente para a catequese. "Só com essa escuta respeitosa e compassiva é que se pode encontrar os caminhos para um crescimento" daquilo que "Deus semeou na nossa própria vida" (EG 171). Francisco apela à paciência dos pregadores e catequistas, citando Pedro Fabro: "O tempo é o mensageiro de Deus" (ibid.). "Toda a evangelização está fundada sobre esta Palavra escutada, meditada, vivida, celebrada e testemunhada. [...] É indispensável que a Palavra de Deus se torne cada vez mais o coração de toda a atividade eclesial" (EG 174).

5.4. A ação social (Capítulo IV; EG 176-258)

Confessar que o Filho de Deus deu seu sangue por nós e "assumiu a nossa carne humana significa que cada pessoa humana foi elevada até ao próprio coração de Deus" (EG 178). A redenção de Deus tem um sentido social, porque "Deus, em Cristo, não redime somente a pessoa individual, mas também as relações sociais entre os homens" (EG 178). O "mistério da Trindade nos recorda que somos criados à imagem desta comunhão divina, pelo que não podemos realizar-nos nem nos salvar sozinhos", sem "ter a peito o bem dos outros" (EG 178), como nos foi anunciado no Evangelho da fraternidade e da justiça! O que fizermos aos outros tem uma dimensão transcendente. "Por isso mesmo, também o serviço da caridade é uma dimensão constitutiva da missão da Igreja e expressão irrenunciável da sua própria essência" (EG 179). Da natureza missionária da Igreja brota "a caridade efetiva para com o próximo, a compaixão que compreende, assiste e promove" (ibid.). Não se trata de uma "caridade por receita", mas da visibilidade do projeto de Deus, que é o Reino. A confissão da fé é inseparável do compromisso social. A esperança cristã, que "procura o Reino escatológico, gera sempre história" (EG 181). A "evangelização implica e exige uma promoção integral de cada ser humano", e erram aqueles que afirmam que "a religião deve limitar-se ao âmbito privado" (EG 182). A fé autêntica "comporta sempre um profundo desejo de mudar o mundo, transmitir valores, deixar a terra um pouco melhor depois de nossa passagem por ela. [...]. A terra é a nossa casa comum, e todos somos irmãos" (EG 183).

Em seguida, a EG trata de duas questões pormenorizadas que o Papa Francisco considera determinantes para o futuro da humanidade: a inclusão social dos pobres (EG 186-216) e a questão da paz, do bem comum (EG 217-237) e do diálogo social (EG 238-258). "A Igreja, guiada pelo Evangelho da Misericórdia e pelo amor ao homem e à mulher, escuta o clamor pela justiça e deseja responder com todas as suas forças" (EG 188). A misericórdia tem também um valor salvífico: "A esmola livra da morte e limpa de todo pecado" (Tb 12,9; EG 193). Nessa parte, a EG menciona as máximas essenciais da doutrina social da Igreja, que procura dissolver as injustiças geradas pelo tempo promovendo a "justiça distributiva" (cf. EG 197-208). São elas:

– A função social da propriedade, o destino universal dos bens como realidades anteriores à propriedade privada; a solidariedade deve ser vivida como a decisão de devolver ao pobre o que lhe corresponde (cf. EG 189).

– Os direitos humanos não devem servir para justificação exacerbada dos direitos individuais ou dos direitos dos povos mais ricos.

– O planeta Terra é de toda a humanidade.

– Os socialmente mais favorecidos devem renunciar a alguns dos seus direitos e colocar seus bens a serviço dos outros.

– Precisamos crescer em uma solidariedade que permita a todos os povos tornarem-se artífices do seu destino.

– Precisamos garantir, além de comida, teto e sustento para todos, também educação, saúde, trabalho e um salário justo.

Na vida cristã existe um caminho salvífico seguro, "um sinal que nunca deve faltar: a opção pelos últimos, por aqueles que a sociedade descarta" (EG 195; cf. 197-201).

O subcapítulo sobre o "bem comum e a paz social" pode-se resumir em três máximas bergoglianas:

– o tempo é superior ao espaço;

– a unidade prevalece sobre o conflito;

– a realidade é mais importante do que a ideia;

– o todo é superior à parte.

Por fim, o quarto subcapítulo – "O diálogo social como contribuição para a paz" – nos confronta com as diferentes formas e dimensões de diálogo na construção da paz:

– o diálogo entre a fé, a razão e as ciências;

– o diálogo ecumênico;

– as relações com o Judaísmo;

– o diálogo inter-religioso;

– o diálogo no contexto da liberdade religiosa.

Na Igreja do Papa Francisco não há portas fechadas nem diálogo recusado. No campo social não existem segundas intenções subterrâneas para facilitar "conversões" ou "proselitismo". Todas as atividades pastorais têm uma dimensão evangelizadora. Isso quer dizer que sempre proclamamos a vitória da vida sobre a morte, da alegria sobre a tristeza e da esperança sobre o desespero. A inclusão social dos pobres e a questão da paz, do bem comum e do diálogo social nos levam sempre ao centro de conflitos e à presença de Deus na vida e no rosto dos pobres. Nos rios profundos de suas lágrimas e alegrias, já enxergamos a imagem de uma nova Igreja ou ao menos de novos setores dessa Igreja, que lavaram sua "veste branca" no sangue do Cordeiro.

5.5. Evangelizadores com Espírito (Capítulo V; EG 259-288)

"No terceiro capítulo, refletimos sobre a carência de espiritualidade profunda que se traduz no pessimismo, no fatalismo, na desconfiança" (EG 275) e numa aparente impossibilidade de mudar algo. Neste último capítulo da EG, o Papa Francisco propõe "algumas reflexões acerca do espírito da nova evangelização" (EG 260), precisamente propõe "uma evangelização com o Espírito Santo", que "é a alma da Igreja evangelizadora" (EG 261) que reza e trabalha. Evangelizadores com Espírito têm "um vigoroso compromisso social e missionário" e, ao mesmo tempo, "uma espiritualidade que transforme o coração" (EG 262), seu e o do mundo. O Documento termina com algumas considerações sobre a espiritualidade mariana e uma invocação de Maria.

A EG propõe duas motivações para evangelizadores com Espírito. A primeira "é o amor que recebemos de Jesus, aquela experiência de sermos salvos por ele" (EG 264), gratuitamente.

A segunda motivação é "a glória do Pai" (EG 267). Jesus, o Emanuel, o Deus conosco, caminha conosco (EG 266). Com ele, procuramos responder contemplando a glória do Pai e dando a glória ao Pai, que "deve superar toda e qualquer outra" motivação.

Em seguida, a EG nos lembra dos dois braços e da dupla pertença da missão: "A missão é uma paixão por Jesus e simultaneamente uma paixão pelo seu povo" (EG 268). Ele "toma-nos do meio do povo e envia-nos ao povo" (ibid.), nos "introduz no coração do povo" (EG 269).

A nossa identidade só se compreende a partir dessa dupla pertença. Jesus é o modelo dessa identidade próxima do Pai e do povo. É uma proximidade com dois crucificados: Jesus e o povo. Às vezes, queremos uma "prudente distância das chagas do Senhor. Jesus, no entanto, quer que toquemos a miséria humana, que toquemos a carne sofredora dos outros" (EG 270) e que larguemos os nossos refúgios e "abrigos pessoais ou comunitários" que nos permitem viver "à distância do nó do drama humano" (EG 270), olhando, desdenhosamente, para o sofrimento no mundo, "como príncipes". Jesus nos quer "como homens e mulheres do povo, [...] experimentando a alegria missionária de partilhar a vida com o povo fiel de Deus, procurando acender o fogo no coração do mundo" (EG 271). "O amor às pessoas é uma força espiritual que favorece o encontro em plenitude com Deus. [...] Fechar os olhos diante do próximo torna cego também diante de Deus" (EG 272).

A mística da proximidade é o pressuposto de qualquer crescimento espiritual, porque nos permite "descobrir algo de novo sobre Deus" (EG 272). Quem quer ser missionário deve procurar sentir-se bem e fazer o bem ao próximo. Esconder-se do outro e negar-se a partilhar é "um lento suicídio" (ibid.).

A missão no coração do povo não é um apêndice da vida. É um prefixo: "Eu sou uma missão nesta terra, e para isso estou neste mundo" (EG 273). Fomos "marcados a fogo por essa missão de iluminar, abençoar, vivificar, levantar, curar, libertar" (ibid.). "Cada pessoa é digna da nossa dedicação [...] porque é obra de Deus [...] e o Senhor deu seu sangue precioso por essa pessoa" (EG 274).

Mas este Jesus que deu sua vida por nós é também o "Cristo ressuscitado [...], fonte profunda da nossa esperança" (EG 275s) para cumprirmos nossa missão. A fé significa acreditar que ele "é capaz de intervir misteriosamente, que não nos abandona" (EG 278). Somente o coração daquele que "busca a si mesmo em um carreirismo sedento de reconhecimento, aplausos, prêmios, promoções" se cansa de lutar (EG 277). Contra esse mundo velho, a ressurreição do Senhor é o mundo novo, que já se faz presente na trama oculta desta história (cf. EG 278). "Carregamos este tesouro em vasos de barro" (2Cor 4,7; EG 279). A decidida confiança no Espírito Santo mantém vivo o ardor missionário. "Não há maior liberdade do que a de se deixar conduzir pelo Espírito, renunciando a calcular e controlar tudo" (EG 280). "A pessoa sabe, com certeza, que a sua vida dará frutos, mas sem pretender conhecer como, onde ou quando" (EG 279). Mesmo sem esse saber, podemos agradecer sempre e antecipadamente a Deus.

Herança

No tempo pós-conciliar, a Igreja latino-americana assumiu intenções profundas do Vaticano II, cunhou expressões próprias e sacudiu as colunas de uma teologia dedutiva cristalizada. A teologia conciliar foi indutiva. A leitura latino-americana das palavras-chave dessa teologia indutiva, que constrói seu argumento a partir da realidade concreta (cf. GS 62,2), forjou a Teologia da Libertação. Seu dicionário incorporou novos verbetes: "libertação" e "opção pelos pobres" (Medellín, 1968), "participação", "assunção" e "comunidades de base" (Puebla, 1979), "inserção" e "inculturação" (*Santo Domingo*, 1992), "missão", "testemunho" e "serviço" de uma Igreja samaritana e advogada da justiça e dos pobres (Aparecida, 2007). A *Evangelii gaudium* (2013) oferece novos verbetes para esse dicionário.

Podemos tecer o fio condutor entre o Concílio Vaticano II e a *Evangelii gaudium* da seguinte maneira: perscrutando os "sinais do tempo", o Vaticano II procurou colocar a Igreja em dia (*aggiornamento*) com o mundo moderno europeu. Em Medellín, a Igreja latino-americana e do Caribe constatou a necessidade de um discernimento entre a modernidade europeia e a modernidade latino-americana, que trouxe para uns prosperidade e, para os outros, miséria e pobreza.

Na América Latina e no Caribe, era preciso que a Igreja se reorientasse, voltando-se para o meio dos pobres, que constituíram e ainda constituem a maioria absoluta do povo de Deus. No meio desse povo pobre e batizado, muitas Igrejas locais forjaram o paradigma da "opção preferencial pelos pobres". Com a inclusão dos "outros", as Conferências seguintes: *Puebla* (1979), *Santo Domingo* (1992) e *Aparecida* (2003), diversificaram lentamente o sujeito eclesial dos "pobres", o que permitiu assumir a especificidade das questões étnicas (povos indígenas, afro-americanos etc.) e de gênero.

A questão "ruptura e continuidade" nos conduziu às portas de saída do Concílio. A herança do Vaticano II na *Evangelii gaudium* está em sua metodologia, em seus conteúdos e horizontes. O Vaticano II (1962-1965) resgatou, com certa ênfase, a natureza da "Igreja vista como a totalidade do povo de Deus que evangeliza" (LG 17c) e cuja identidade está em sua "natureza missionária" (cf. AG 2, 6, 35, LG 1, 6).

A Conferência de Aparecida, em 2003, aprofundou essa "natureza missionária" com um olhar latino-americano. Dez anos mais tarde, a Exortação apostólica *Evangelii gaudium* (EG) procurou operacionalizar essa "natureza missionária" através de uma "opção missionária capaz de transformar tudo, para que os costumes, os estilos, os horários, a linguagem e toda a estrutura eclesial se tornem um canal proporcionado mais à evangelização do mundo atual que à autopreservação" (EG 27).

A EG, como parada para desencaixar rodas desgastadas e reorientar os pilotos diante de pistas esburacadas, trabalha com textos do Concílio e de Aparecida que lhe conferem legitimidade para derrubar muros e construir pontes novas dentro da Igreja e fora dela, para o mundo e a humanidade de hoje. Os tópicos do "terror dos muros" e do "amor na construção de pontes" foram explicitados amplamente pelo Papa Francisco em seu já mencionado discurso aos participantes do Terceiro Encontro dos Movimentos Sociais. As palavras "muros" e "pontes" lhe permitiram dar contornos a uma palavra-chave de sua vida e de seu pontificado: o encontro, o encontro que os muros impedem e as pontes facilitam.

O Papa Francisco é um seguidor fiel e criativo do Vaticano II, talvez maior e mais integral em sua afinidade conciliar que seus antecessores que, mesmo tendo participado do Concílio, nas lutas pelos textos tomaram posições no interior de setores opostos. Concentremo-nos, portanto, nessa parte, em documentos do Vaticano II, citados na *Evangelii gaudium*: as Constituições *Lumen gentium, Dei Verbum, Gaudium et spes,* e os Decretos *Christus Dominus, Unitatis redintegratio, Inter mirifica* e *Ad gentes*.

Logo no início da EG, o Papa Francisco afirma que as diretrizes de sua Exortação apostólica para "uma nova etapa evangelizadora" da Igreja universal encontram sua "base na doutrina da Constituição dogmática *Lumen gentium*" (EG 17). Com essa afirmação, o papa contorna eventuais questionamentos daqueles que acham que a diferença que tem de seus antecessores quanto ao temperamento e aos passos necessários para a caminhada da Igreja no século XXI teria produzido certa "descontinuidade" doutrinal. A referência à *Lumen gentium* deu ao Papa Francisco o respaldo normativo do catolicismo mundial e dispensou fazer da EG outro documento dogmático. Por ser pastoral, a EG não é menos normativa que outros documentos do magistério.

Francisco assume dois referenciais indispensáveis para qualquer documento pastoral: a coerência com a fé herdada e a relevância para com a humanidade aqui e agora. A coerência exige a prova da continuidade e a harmonia com a fé da Igreja. A relevância exige inserção no mundo sem "relativizar ou esconder a sua identidade cristã e as suas convicções" (EG 79). A relevância não exige submissão, mas diálogo e participação da humanidade, geralmente não como ruptura ou "moda", mas como algo esquecido que deve ser recuperado. Somente nessa articulação entre coerência e relevância, pode-se esperar a ressonância do "escândalo produtivo" do Evangelho; uma ressonância acolhedora e, ao mesmo tempo, discordante e contracultural diante do mundo secular.

Fidelidade à herança da fé e relevância para com as pessoas concretas e seus desafios configuram uma unidade bipolar no interior de uma "reforma perene", que pode gerar luz. O Decreto *Unitatis redintegratio* sobre o ecumenismo nos esclarece que "toda a renovação da Igreja consiste essencialmente numa fidelidade maior à própria vocação. [...]. A Igreja peregrina é chamada por Cristo a essa reforma perene. Dela necessita perpetuamente como instituição humana e terrena" (UR 6). A EG assume a "Igreja peregrina" como "Igreja em saída" e a "reforma perene" como "conversão eclesial" e "reforma permanente" (EG 26).

Não precisamos correr atrás de "modas" ou inovações mercadológicas. Em função de maior "fidelidade a Jesus Cristo" (EG 26), como paradigma norteador, e citando o Decreto sobre o ecumenismo *Unitatis redintegratio* (UR 6), Francisco propõe uma "Igreja em saída missionária" (EG 17a), uma "Igreja peregrina" (EG 26), que desta peregrinação missionária traz a experiência da necessidade de uma "reforma perene" (EG 26) para não estorvar a "alegria do Evangelho".

A "reforma perene" é sinônimo de "conversão pastoral" (EG 25-33), e a chave da conversão pastoral, por sua vez, é a "opção missionária capaz de transformar tudo" (EG 27).

Autopreservação, continuísmo e continuidade, muitas vezes, se sobrepõem e exigem um discernimento apurado. A autopreservação não deve ser confundida com "identidade" ou com a "legítima autonomia" (EG 115; GS 36), que caracterizam a evolução histórica de cada cultura. A identidade da Igreja é uma identidade histórica, pela Igreja em saída, sempre obrigada a se transformar, crescer e inovar.

"Pastoral em chave missionária" (EG 33, 34, 35) significa: adotar um "estado permanente de missão" (DAp 551; EG 25), colocar "os agentes pastorais em atitude constante de 'saída'" (EG 27), reforma e conversão permanentes.

As pedras de tropeço desta pastoral em chave missionária são a imobilidade pessoal, a naturalização ou cristalização de convenções culturais amalgamadas com o Evangelho, a comunicação em linguagens arcaicas, o excesso de conteúdos e a falsa segurança na transmissão dos mistérios da fé.

Ainda com referência ao Vaticano II, Francisco inclui na conversão pastoral a "conversão do papado" (EG 32) e da Cúria Romana, advertindo contra "uma centralização excessiva" que "complica a vida da Igreja e a sua dinâmica missionária" (EG 32). Lembrando a *Lumen gentium*, a EG reivindica maior autonomia das Conferências episcopais, que "podem aportar uma contribuição múltipla e fecunda, para que o sentimento colegial leve a aplicações concretas" (EG 32; LG 23).

Em sintonia com o Vaticano II, Francisco não considera as igrejas locais como filiais da matriz romana, mas propõe a elaboração de "um estatuto das Conferências episcopais que as considere como sujeitos de atribuições concretas, incluindo alguma autêntica autoridade doutrinal" (EG 32).

Finalmente, o papa propõe não só simplificar a linguagem para transmitir a fé, mas também concentrar a quantidade e complexidade de conteúdos no essencial. Nas múltiplas verdades afirmadas pela Igreja, deve-se detectar "uma ordem ou 'hierarquia' das verdades da doutrina católica, já que o nexo delas com o fundamento da fé cristã é diferente (UR 11). Isto é válido tanto para os dogmas da fé como para o conjunto dos ensinamentos da Igreja, incluindo a doutrina moral" (EG 36, cf. 246; UR 11). Sem ridicularizar certa sofisticação de doutrinas, a EG leva em conta o chão concreto da missão, que é um campo de guerra onde se prestam primeiros socorros à vida ameaçada.

Nas referências explícitas ao Vaticano II, delineia-se o fio condutor e as palavras-chave que no decorrer da EG são explicitadas e aprofundadas: o anúncio da Boa-Nova na missão – não somente para os pobres, mas entre os pobres e, a partir deles, a toda criatura – configura uma Igreja em saída. A alegria do Evangelho, como a redenção na cruz, "é para todo o povo" (EG 23): A "salvação, que Deus realiza e a Igreja jubilosamente anuncia, é para todos" (EG 113; GS 22).

O povo de Deus em saída percebe e reconhece sua contextualidade e seu condicionamento histórico e cultural. Contextualidade e historicidade são a razão da necessidade da "reforma perene" (EG 26) da Igreja: "A Igreja, que é discípula missionária, tem necessidade de crescer na sua interpretação da Palavra revelada e na sua compreensão da verdade" (EG 40). A teologia tem a tarefa de "amadurecer o juízo da Igreja" (ibid.; DV 12), afirma o papa, citando a Constituição dogmática *Dei Verbum*, do Vaticano II. Mas a fé e o juízo da Igreja não amadurecem somente pelos carismas profissionais dos teólogos e dos bispos. Amadurecem tal qual, e sobretudo, pelo *sensus fidei*, também chamado por Francisco de "instinto da fé" do povo de Deus. Este, graças à "força santificadora do Espírito [...] infalível *in credendo* (no ato da fé), ou seja, ao crer, não pode enganar-se, ainda que não encontre palavras para explicar sua fé" (EG 119; LG 12). Na religiosidade popular, por exemplo, "pode-se captar a modalidade em que a fé recebida se encarnou numa cultura e continua a transmitir-se. Vista por vezes com desconfiança, a piedade popular foi objeto de revalorização nas décadas posteriores ao Concílio" (EG 123). É óbvio que, no contexto global de alienação em que hoje vivemos, todas as manifestações religiosas precisam permanentemente ser purificadas, tendo em vista, segundo a Exortação apostólica *Evangelii nuntiandi*, de Paulo VI, e citada por Francisco, que a piedade popular "traduz em si uma certa sede de Deus, que somente os pobres e os simples podem experimentar" (EG 123; EN 38).

Hoje, todas as culturas e povos são afetados pela "cultura globalizada", que apresenta "valores e novas possibilidades", mas que pode também limitar-nos" (EG 77). Não raras vezes, a "cultura globalizada" representa para muitas regiões e para o seguimento de Jesus uma verdadeira contracultura. Portanto, a inserção nos contextos exige, por sua vez, um "discernimento evangélico" (EG 50; 154) para ajustar a reforma permanente.

Promessas não realizadas no horizonte do Vaticano II indicam que temos ainda muito chão pela frente. Ao mesmo tempo, alimentam a esperança de que é possível realizar um projeto de vida em que a liberdade e a igualdade não se excluam, mas interajam numa conivência dialética que não confunda o bem viver de todos com falsas promessas do paraíso.

Além das referências explícitas do Vaticano II, no texto da EG, existem referências subterrâneas que possibilitam a articulação da "alegria do Evangelho" com o horizonte do Vaticano II e constituem uma espécie de eixos transversais que são aprofundados no capítulo 6. Um desses eixos transversais está descrito com o campo semântico da palavra "transformação". Se não houver necessidade de transformações, não haverá necessidade de um Concílio ou Sínodo. Se, na convocação do Vaticano II, a Igreja sentiu necessidade de transformar-se em direção à modernidade, em Medellín, onde se realizou a Segunda Conferência Geral do Episcopado Latino-Americano (1968), que teve como tema: "A Igreja na atual transformação da América Latina à luz do Concílio", o foco da transformação da Igreja foi captado pelo paradigma da "opção pelos pobres". Também no Documento de Aparecida (DAp) quase tudo passa, ou deverá passar, por transformação: a realidade (DAp 210), o mundo (DAp 290), a sociedade (DAp 283, 330, 336) e as estruturas eclesiais e pastorais (DAp 365). As mudanças que acontecem no mundo secular, sem interferência da Igreja, provocam, em contrapartida, a transformação pelo Evangelho. As realidades latino-americanas e mundiais são cada vez mais realidades urbanas, em que "acontecem complexas transformações socioeconômicas, culturais, políticas e religiosas que causam impacto em todas as dimensões da vida" (DAp 511).

O paradigma da transformação está intimamente articulado com a "nova Evangelização" e com o anúncio da "Alegria do Evangelho" a todos, com a conversão missionária da Igreja, que é povo de Deus e Igreja em saída, a fim de construir uma "cultura do encontro" (EG 220).

Ruptura

O olhar sobre as heranças e inovações conciliares permite que nos debrucemos também sobre a "ruptura e continuidade" da EG com o magistério anterior. Para alguns setores da Igreja, o documento contido no texto apresentado pelo Papa Francisco parece conter dissonâncias, contradições e ambivalências que ferem seus ouvidos. Desde os pontificados de João Paulo II e Bento XVI (1978-2013), o tempo pós-conciliar, em suas premissas pastorais, litúrgicas, teológicas e disciplinares, tem sido marcado pelo desejo de recuperação de posições pré-conciliares. Crises internas da Igreja foram atribuídas ao Concílio e não à recepção morna do próprio Vaticano.

Dizem setores céticos ao espírito do Concílio que, pela abertura do Vaticano II, a nave da Igreja teria tomado água, e a causa dos vazamentos foi atribuída ao *aggiornamento* de João XXIII e ao Concílio, com seu programa propenso a se adaptar à realidade do mundo moderno. Hoje, muitas perguntas são semelhantes às feitas naquele tempo.

Como colocar a Igreja em dia com o mundo e com uma nova consciência histórica, e inseri-la na realidade de uma sociedade dividida entre pobres e ricos?

O Papa Bento XVI, logo no início de seu pontificado, no dia 22 de dezembro de 2005, enfocou a questão da "continuidade" numa alocução ao colégio dos cardeais e membros da Cúria Romana:

> Os problemas da recepção (do Concílio) derivaram do fato de que duas hermenêuticas contrárias se embateram e disputaram entre si. [...]. Por um lado, existe uma interpretação que gostaria de definir "hermenêutica da descontinuidade e da ruptura" [...]. Por outro, há a "hermenêutica da reforma", da renovação na continuidade do único sujeito-Igreja, que o Senhor nos concedeu.

Mas o Papa Bento admitiu que nas três grandes questões, das quais o Concílio procurou se aproximar – ciência natural, estado e tolerância –, nem sempre era possível uma separação nítida entre continuidade e ruptura: "É claro", disse o papa,

> que em todos estes setores, que no seu conjunto formam um único problema, podia emergir alguma forma de descontinuidade que, de certo modo, se tinha manifestado. De fato, uma descontinuidade na qual, todavia, feitas as diversas distinções entre as situações históricas concretas e as suas exigências, resultava não abandonada a continuidade nos princípios, fato que facilmente escapa a uma primeira percepção. É exatamente neste conjunto de continuidade e descontinuidade a diversos níveis que consiste a natureza da verdadeira reforma. [...]. O Concílio Vaticano II, com a nova definição da relação entre a fé da Igreja e determinados elementos essenciais do pensamento moderno, reviu ou melhor corrigiu algumas decisões históricas, mas, nesta aparente descontinuidade, manteve e aprofundou a sua íntima natureza e a sua verdadeira identidade.

A razão de ser desse zelo para mostrar a continuidade de documentos procura tirar o vento das velas daqueles setores com orientação mais fundamentalista ou tradicionalistas. Estes, por causa de um desacordo com novas maneiras de expressão de antigas tradições, facilmente levantam suspeitas de ruptura com a tradição. Mas textos eclesiais são como construções de prédios feitos por muitas gerações de pedreiros. Cada uma aproveita os muros deixados por seus antecessores para continuar o edifício doutrinal ou pastoral. Cada papa procura mostrar que suas afirmações, ainda que possam parecer novas, já fazem parte da tradição da Igreja. Isso pode aparentar "continuísmo", sobretudo em épocas como a nossa, nas quais as inovações tecnológicas e ideológicas ocorrem mais rápido do que a evolução do pensamento eclesial, que, muitas vezes, não consegue colocar seus conteúdos da fé nas linguagens contemporâneas da vida concreta dos povos: "As enormes e rápidas mudanças culturais", explica a EG, "exigem que prestemos constante atenção ao tentar exprimir as verdades de sempre numa linguagem que permita reconhecer sua permanente novidade" (EG 41).

Um exemplo de "ruptura" produzida pelo Vaticano II é a questão da exclusividade salvífica dos cristãos. A *Lumen gentium* e a *Ad gentes* corrigem práticas anteriores ao Vaticano II: "Os que ainda não receberam o Evangelho se ordenam por diversos modos ao povo de Deus" (LG 16). "Deus pode, por caminhos d'ele conhecidos, levar à fé os homens que sem culpa própria ignoram o Evangelho" (AG 7a). Na esfera do diálogo inter-religioso, tornaram-se relevantes as seguintes afirmações: "O plano da salvação abrange também aqueles que reconhecem o Criador" (LG 16), muitas vezes, em religiões não cristãs que "refletem lampejos daquela Verdade que ilumina todos os homens" (NA 2b). De ninguém, que procura "o Deus desconhecido em sombras e imagens, Deus está longe" (LG 16).

Também a ressurreição dos mortos o Vaticano II não reservou mais, com exclusividade, aos cristãos: a esperança da ressurreição vale não somente para os cristãos, mas também para todos os homens de boa vontade em cujos corações a graça opera de modo invisível. [...] Devemos admitir que o Espírito Santo oferece a todos a possibilidade de se associarem, de modo conhecido por Deus, a este mistério pascal (GS 22e; cf. EG 254).

Esses tópicos rompem claramente com afirmações do *Concilium florentinum*, de 1442, o qual definiu "que ninguém que vive fora da Igreja Católica, nem pagãos, judeus, heréticos ou cismáticos participarão da vida eterna, mas irão para o fogo eterno 'que é preparado para o diabo e seus anjos'" (Mt 25,41).[1]

O árduo caminho que o Decreto *Ad gentes* percorreu até a sua votação final faz compreender que também no tempo pós-conciliar haveria opiniões divergentes a respeito de sua "reta interpretação".[2]

Gaudium et spes foi promulgada no dia 7 de dezembro de 1965, junto com o Decreto sobre a Atividade Missionária (AG) e a Declaração sobre a Liberdade Religiosa (DH). O lugar do "mundo", o da "missão" e o da "liberdade religiosa" no âmbito da Igreja foram disputados e discutidos até o último momento do Concílio. E essa discussão continua até hoje. As inovações do Vaticano II teriam contribuído para a secularização da Igreja e não para a fermentação do mundo com o Evangelho. Para consertar o barco, foi chamado o Papa João Paulo II, que, nas votações, durante o Concílio, já tinha mostrado certo ceticismo diante das inovações teológicas e, ao mesmo tempo,

---

[1] DENZINGER-SCHÖNMETZLER. *Enchiridion Symbolorum Definitionum et Declarationum de rebus fidei et morum*, ed. XXXVI, Freiburg i. Br., Herder, 1965, n. 1351.

[2] Cf. SUESS, Paulo. *Introdução à teologia da missão*. 4. ed. Petrópolis, Vozes, 2015, p. 126ss.

destacou-se por seu carisma juvenil e por defender uma abertura seletiva no campo social.

No Concílio, a Igreja Católica deu passos importantes quanto ao valor simbólico e real de rupturas. Ao dar esses passos, a Igreja descobre, segundo o próprio teólogo e comentarista do Vaticano II, J. Ratzinger, que "nem toda tradição que surge na Igreja é realização e atualização do mistério de Cristo, mas, ao lado da tradição legítima, existe também uma desfigurada" (Ratzinger, 1986, p. 519). A Igreja permanece um "sinal de contradição" (Lc 2,34).

Na leitura da *Evangelii gaudium*, do Papa Francisco, nota-se esse "conjunto de continuidade e descontinuidade a diversos níveis", uma "continuidade" do Vaticano II, e descontinuidade de certo pensamento pré-conciliar persistente. Precisamos distinguir entre a "substância" da fé e as suas "formulações". Pode acontecer que "somos fiéis a uma formulação, mas não transmitimos a substância" (EG 41). A continuidade das fórmulas pode produzir uma descontinuidade do conteúdo. A missão "se encarna nas limitações humanas" (EG 40-45).

O Papa Francisco complementa na *Evangelii gaudium* o edifício doutrinal dos seus precursores com inspirações da Teologia latino-americana, documentada nas Conclusões das Conferências de *Medellín* (1968), *Puebla* (1979), *Santo Domingo* (1992) e *Aparecida* (2007). Essa perspectiva latino-americana recebeu até há pouco tempo da Igreja de Roma apenas tolerância cética. Com a *Evangelii gaudium*, a Igreja latino-americana teve a sua recepção oficial na Igreja universal.

> # Cinco alegrias na evangelização

Na tentativa de resumir um documento tão abrangente, como a *Evangelii gaudium*, em poucos eixos ou em algumas palavras-chave, deixei-me guiar pelo seu próprio autor, que promete na EG 17 apresentar apenas "algumas diretrizes que possam encorajar e orientar, em toda a Igreja, uma nova etapa evangelizadora".[1] Escolhi cinco pérolas de alegria que têm a função de um fio condutor ou de um rosário da evangelização: *encarnação, missão, misericórdia, opção pelos pobres* e *diálogo com a humanidade*.

A *encarnação* nos aproxima do nascimento de Jesus, do canto dos anjos, da alegria dos pastores e dos sábios do Oriente, da alegria de escutar e fazer ressoar no meio do povo a Palavra de Deus. A encarnação nos confronta com a realidade de muitas culturas e situações sociais. "A evangelização reconhece com alegria estas múltiplas riquezas que o Espírito gera na Igreja" (EG 117).

A polaridade dessa realidade (alegria/tristeza; esperança/desespero) é fonte da energia que sustenta a alegria na vida cotidiana: "Sejamos realistas, mas sem perder a alegria, a audácia e a dedicação cheia de esperança" (EG 109). Resta-nos sempre a

---

[1] Para quem busca mais alegrias na EG, recomendo: SUESS, Paulo, *Dicionário da* Evangelii gaudium*: 50 palavras-chave para uma leitura pastoral*, São Paulo, Paulus, 2015.

certeza de que somos "infinitamente amados" (EG 6) e de que "da alegria trazida pelo Senhor ninguém é excluído" (EG 3).

A *missão* é a alegria que emerge do horizonte do bem viver de todos, da resistência contra uma vida alienada e da esperança da ressurreição. "É salutar recordar-se dos primeiros cristãos e de tantos irmãos ao longo da história, que se mantiveram transbordantes de alegria, cheios de coragem, incansáveis no anúncio e capazes de uma grande resistência ativa" (EG 263). "A alegria do Evangelho [...] é missionária. Experimentaram-na os setenta e dois discípulos, que voltam da missão cheios de alegria [cf. Lc 10,17]. Vive-a Jesus, que exulta de alegria no Espírito Santo e louva o Pai, porque a sua revelação chega aos pobres e aos pequeninos" (EG 21). Na Igreja em saída vive a alegria do êxodo da escravidão e do dom "de sair de si mesmo, de caminhar e de semear sempre de novo, sempre mais além" (EG 21).

A *misericórdia* é a alegria de uma perda recuperada, a alegria sobre uma ovelha, uma pérola, um filho reencontrados; é a alegria do perdão; é a alegria no céu por um só pecador que recorre à misericórdia (cf. Lc 15,7; EG 15). Essas três parábolas nos falam da alegria de Deus. Deus é alegre! A alegria de Deus é perdoar. "Deus nunca se cansa de perdoar, somos nós que nos cansamos de pedir sua misericórdia (EG 3). Mas a alegria missionária não está ligada somente à conversão de pecadores. Está, antes de tudo, ligada ao fato de todos serem amados por Deus. Também para nós, a misericórdia recebida e a misericórdia praticada no amor e na gratuidade são fontes inesgotáveis de alegria. Pela misericórdia, fazemos nascer a presença curativa de Deus no outro.

A *opção pelos pobres* é o caminho mais seguro para nos fazer partícipes da alegria da vida missionária. Os pobres nos aproximam de Deus. "A nova evangelização é um convite a reconhecer a força salvífica das suas vidas e colocá-los no centro do caminho da Igreja" (EG 198). Deus colocou na vida dos pobres uma "misteriosa sabedoria", que nos quer "comunicar através deles" (ibid.). A opção pelos pobres é um remédio eficaz contra a depressão eclesial. O Papa Francisco confessa de sua longa experiência pastoral: "Posso dizer que as alegrias mais belas e espontâneas, que vi ao longo da minha vida, são as alegrias de pessoas muito pobres que têm pouco a que se agarrar" (EG 7).

O *diálogo com a humanidade* "realiza-se pelo prazer de falar e pelo bem concreto que se comunica através das palavras entre aqueles que se amam" (EG 142). Onde na vida da humanidade aparecem bipolaridades – entre ciências exatas e humanas, entre ideia e realidade, nas questões de gênero, nas realidades étnicas e sociais, entre povos e nações, entre Deus e os seres humanos –, o diálogo é a ponte que possibilita comunicação, trânsito e fluxo de energias. O prazer de falar com a humanidade, de construir pontes, derrubar muros e construir a paz é a quinta alegria da evangelização.

O anúncio da encarnação, da missão e da misericórdia, o acolhimento dos pobres e o diálogo com a humanidade são as cinco grandes alegrias que o Papa Francisco, através da *Evangelii gaudium*, propõe à consideração do povo de Deus. E o papa se inclui, quando exorta todos os batizados: "Não deixemos que nos roubem a alegria da evangelização!" (EG 83).

A Igreja em saída é construtora de uma "cultura do encontro" (EG 220). Ela procura se encarnar nas periferias, onde se encontra, sem segundas intenções de um proselitismo subcutâneo, com a miséria e o sofrimento dos pobres que acolhe com a justiça maior da misericórdia, além de derrubar, com o diálogo, os muros do silêncio levantados entre ricos e pobres, entre o centro e o povo das periferias. Em todos os eixos e alegrias, trata-se de encontros com situações contrastantes: encontros com a realidade e a escuta atenta daquilo que ela nos fala, encontros com a miséria, com os outros, os pobres, os excluídos e apressados, com os mundos da desigualdade e da alteridade.

8.1 Encarnação

Os substantivos "encarnação", "inculturação", "inserção", "assunção" e *aggiornamento* pertencem ao mesmo campo semântico, às vezes complementar, outras vezes idêntico, ou, ainda, se sobrepondo parcialmente ao outro; sempre se tratando de uma relação entre culturas e da possibilidade de assumir a cultura do outro para expressar a fé revestida de outra cultura. Como inserir a herança da fé na dinâmica histórica da cultura urbana e nas culturas tradicionais e, ainda, nas misturas culturais entre ambas? "O Cristianismo não dispõe de um único modelo cultural, [...]; o Cristianismo assumirá também o rosto das diversas culturas e dos vários povos onde for acolhido" (EG 116; NMI 40). A revelação não se identifica com nenhuma cultura. É verdade que "a mensagem, que anunciamos, sempre apresenta alguma roupagem cultural, mas às vezes, na Igreja, caímos na vaidosa sacralização da própria cultura, o que pode mostrar mais fanatismo do que autêntico ardor evangelizador" (EG 117). Por isso, não podemos admitir

> que todos os povos dos vários continentes, ao exprimir a fé cristã, imitem as modalidades adotadas pelos povos europeus num determinado momento da história, porque a fé não se pode confinar dentro dos limites de compreensão e expressão de uma cultura. É indiscutível que uma única cultura não esgota o mistério da redenção de Cristo (EG 118).

Na EG, trata-se de uma herança do conceito "cultura" da *Gaudium et spes* (cf. GS 25; 36; 53), com acréscimos em *Puebla* (DP 400), *Santo Domingo* (DSD 13; 15; 298ss) e *Aparecida* (DAp 258; 280b; 329s; 491; 429). O Concílio nomeou essa busca de proximidade com algumas palavras balbuciantes, como *"aggiornamento"* e "adaptação" (SC 24; 37s; GS 514), "sinais dos tempos" (GS 4; 11), "encarnação" e "solidariedade" (GS 32).

Sobretudo na *Gaudium et spes*, o Concílio procurou, através de uma metodologia indutiva, partir da realidade concreta das pessoas. À luz da fé, buscou com essa realidade estabelecer uma comunicação em linguagens contemporâneas e substituiu, ainda com certa timidez, o latim, como língua litúrgica, por línguas vernáculas (cf. GS 62,2; SC 36). Com o olhar indutivo do Vaticano II, o Papa Francisco constrói seu discurso pastoral e sua visão teológica:

> Cada povo, na sua evolução histórica, desenvolve a própria cultura com legítima autonomia. [...] O ser humano está sempre culturalmente situado: "natureza e cultura encontram-se intimamente ligadas". A graça supõe a cultura, e o dom de Deus encarna-se na cultura de quem o recebe (EG 115).

Deve-se observar na diversificação dos serviços pastorais que "cada povo é o criador da sua cultura e o protagonista da sua história" (EG 122).

O Evangelho inserido e inculturado "num povo, no seu processo de transmissão cultural também transmite a fé de maneira sempre nova; daí a importância da evangelização entendida como inculturação" (EG 122, cf. 116). Por conseguinte, "não faria justiça à lógica da encarnação pensar num Cristianismo monocultural" (EG 117). O revestimento cultural das nossas leituras do Evangelho nos faz abandonar o pensamento "que o anúncio evangélico tenha de ser transmitido sempre com determinadas fórmulas preestabelecidas [...] Transmite-se com formas tão diversas [...], cujo sujeito coletivo é o povo de Deus, com seus gestos e sinais inumeráveis" (EG 129). Por causa de sua historicidade, a cultura de um povo nunca é normativa para outro povo. Na inculturação da fé, precisamos distinguir entre elementos normativos, paradigmáticos e convencionais. No processo da inculturação, elementos paradigmáticos e convencionais são variáveis. Elementos normativos da fé, como a Santíssima Trindade, devem ser assumidos em todas as culturas.

A proximidade ao mundo e aos reais problemas da humanidade e o reconhecimento da autonomia da realidade terrestre e da pessoa são heranças da modernidade e, ao mesmo tempo, são buscas permanentes entre dois extremos: Como escapar da conformação alienante e da adaptação superficial ou colonial ao mundo, sem cair na cilada do distanciamento deste mundo em nichos de bem-estar espiritual?

Esse discernimento era uma tarefa do tempo pós-conciliar, que até hoje não foi bem resolvida. Uma Igreja que olhou na sua liturgia para a parede, na sua teologia para o Catecismo Romano e em sua pastoral para as elites, deu no Vaticano II uma meia-volta e, olhando para o povo, estendeu seus braços em direção da macroestrutura da modernidade e das microestruturas dos contextos vivenciais dos povos. Nem todos os setores eclesiais acompanharam essas mudanças, assumidas nos documentos, mas nem sempre postas em prática nas comunidades.

Francisco retoma em muitas páginas da EG esse fio condutor da integralidade e assume a teologia indutiva da *Gaudium et spes* (GS), partindo da vida concreta da humanidade, das alegrias e esperanças, das tristezas e angústias, "sobretudo dos pobres e de todos os que sofrem" (GS 1). A EG estimula a "ler os sinais dos tempos na realidade atual" (EG 108) e a interpretá-los como mensagens que Deus envia a partir do mundo secular à sua Igreja (cf. GS 44,1).

Como já mencionamos, a encarnação na realidade tem dois desdobramentos: por um lado, a inculturação e a assunção dessa realidade; por outro lado, o discernimento necessário para transformar essa realidade através de "obras de justiça e caridade" (EG 233). Francisco convida a comunidade missionária com realismo e poesia a "envolver-se", "acompanhar" e "frutificar" a partir da vida real. Os discípulos missionários tocam "a carne sofredora de Cristo no povo" e "contraem assim o 'cheiro de ovelha'" (EG 24) e a poeira da estrada.

Um bom exemplo desse "ser sujeito" do povo de Deus e dos processos da inculturação é a religiosidade popular. "As formas próprias da religiosidade popular são encarnadas, porque brotaram da encarnação da fé cristã numa cultura popular" (EG 90). Ela é "fruto do Evangelho inculturado" (EG 126).

A inculturação é a analogia pastoral da encarnação de Jesus de Nazaré. O Cristo real é o Cristo que deu sua carne na cruz, e nessa doação nos convidou à revolução da ternura. A revolução da ternura "traz o selo de Cristo encarnado, crucificado e ressuscitado" (EG 95). A partir da "entrega de Jesus na cruz [...] queremos inserir-nos a fundo na sociedade, partilhamos a vida com todos, ouvimos as suas preocupações, colaboramos material e espiritualmente nas suas necessidades" (EG 269).

A comunidade evangelizadora "acompanha a humanidade em todos os seus processos, por mais duros e demorados que sejam" (EG 24). Jesus nos quer próximos da miséria humana. A "espiritualidade intimista e individualista, que dificilmente se coaduna com as exigências da caridade, com a lógica da encarnação" (EG 262), procura um Jesus desencarnado. Desenvolve "um cuidado exibicionista da liturgia, da doutrina e do prestígio da Igreja [...]. Assim, a vida da Igreja transforma-se numa peça de museu" (EG 95). Os processos de inculturação são lentos e corajosos (cf. EG 129). Mas valem a pena, porque a Palavra de Deus nos ensina: "No irmão, está o prolongamento permanente da Encarnação" (EG 179).

8.2 Missão

Na EG, a missão é configurada por um caleidoscópio de belas imagens que lembram a diversidade, o frescor e o horizonte da "natureza missionária" (AG 2).

Missão é Igreja em saída, cuja sintaxe acompanha um dicionário de verbos que se fazem carne no dia a dia: abençoar, acompanhar, alegrar, anunciar, atrair, caminhar, chamar, converter, convidar, renunciar, despojar, discernir, encontrar, enviar, iluminar, impelir, optar, ouvir, priorizar, sair, transformar. Missão faz parte da nossa identidade, porque "é algo que não posso arrancar do meu ser, se não quero me destruir. Eu sou uma missão nesta terra, e para isso estou neste mundo. É preciso considerarmo-nos como que marcados a fogo por esta missão de iluminar, abençoar, vivificar, levantar, curar, libertar" (EG 273).

A Igreja que vive a sua "natureza missionária" é uma Igreja "com as portas abertas. Sair em direção aos outros para chegar às periferias humanas não significa correr pelo mundo sem direção nem sentido. Muitas vezes é melhor diminuir o ritmo, pôr de parte a ansiedade para olhar nos olhos e escutar" (46).

Essa missão não é um anexo à vida profissional ou a outras atividades. Em tudo que eu faço, no mais íntimo do meu ser, eu posso "estar com os outros e ser para os outros. Entretanto, se uma pessoa coloca a tarefa de um lado e a vida privada do outro, tudo se torna cinzento. [...] Deixará de ser povo" (ibid.).

Em consequência da opção latino-americana pelos pobres, não era muito difícil convencer a comunidade eclesial da necessidade de a Igreja ser uma Igreja que opta por uma teologia indutiva, que parte da realidade concreta e de uma Igreja de portas abertas, que permite "uma constante saída para as periferias do seu território ou para os novos âmbitos socioculturais" (EG 30; cf. 23). Quem se propõe a "ser o fermento de Deus no meio da humanidade" (EG 114), está sempre em busca "de ter respostas que encorajem, deem esperança e novo vigor para o caminho" (ibid.) do povo de Deus.

A Igreja em saída vive sua "natureza missionária". Qual é a finalidade dessa saída? A EG aponta para uma metodologia baseada em quatro pilares de uma pastoral em chave missionária (EG 33ss):

a) Abandonar o cômodo critério pastoral, seu imobilismo e tradicionalismo: "fez-se sempre assim" (EG 33).

b) "Ouvir a todos" (EG 31). Faz parte de um "processo participativo" que promove "uma comunhão dinâmica, aberta, missionária" (EG 31) e sinodal.

c) "Saída de si próprio para o irmão" (EG 179). A Igreja em saída é uma Igreja despojada com as portas abertas (cf. EG 46). No outro, "está o prolongamento permanente da Encarnação para cada um de nós" (EG 179). A "resposta à doação absolutamente gratuita de Deus" (EG 179) é a saída de si como "absoluta prioridade" da vida cristã. "A vida se alcança e amadurece à medida que é entregue para dar vida aos outros. Isto é, definitivamente, a missão" (EG 10).

d) Concentrar-se "no essencial, no que é mais belo, mais importante, mais atraente e, ao mesmo tempo, mais necessário" (EG 35). "As elaborações conceituais hão de favorecer o contato com a realidade que pretendem explicar, e não nos afastar dela" (EG 194).

Missão é saída permanente para se encontrar com o outro. Seguindo Aparecida, a EG propõe à Igreja universal constituir-se "em estado permanente de missão" (DAp 551, EG 25) – além-fronteiras e sem fronteiras (cf. EG 11; 25; 27; 32). A "conversão pastoral" permanente faz parte do "estado permanente de missão". Ela é concreta, comunitária, revolucionária, radical. Ser radical nos leva à raiz do Evangelho e de volta a Jerusalém: "Nada é mais alto do que o abaixamento da cruz, porque lá se atinge verdadeiramente a altura do amor!". Nada é "mais forte que a força escondida na fragilidade do amor".[2]

Em uma videomensagem do dia 7 de agosto de 2013, festa de São Caetano celebrada com fervor religioso na Argentina, sobretudo em Buenos Aires, o Papa Francisco explica para seus patrícios o significado

> de ir ao encontro das pessoas que têm necessidade, daqueles que precisam da nossa ajuda, do nosso olhar de amor, da nossa participação no seu sofrimento, nas suas ansiedades e nos seus problemas. Mas o mais importante não é fitá-los de longe, ajudá-los a distância. Não, não! É ir ao seu encontro. Isto é cristão! É isto que Jesus ensina: ir ao encontro dos mais necessitados.[3]

Em seguida, Francisco contou que ele às vezes pergunta às pessoas:

---

[2] *Palavras do Papa Francisco*. São Paulo, Paulinas, 2013, p. 99.
[3] Videomensagem. In: Boletim da Sala de Imprensa da Santa Sé, 07/08/13.

"Você dá esmola?" Dizem para mim: "Sim, padre." "E quando você dá a esmola, olha nos olhos da pessoa a quem você dá a esmola?" "Ah, não sei, não me dou conta disso." "Então você não encontrou a pessoa. Você jogou a esmola e foi embora. Quando você dá a esmola, você toca a mão ou joga a moeda?" "Não, jogo a moeda." "E então não o tocou. E se não o tocou, não o encontrou. Aquilo que Jesus nos ensina, antes de tudo, é encontrar-se e ajudar encontrando."

E Francisco continua sua catequese aos patrícios:

> Jesus ensina-nos, antes de tudo, a encontrar-nos e, encontrando, a ajudar. Devemos saber encontrar-nos. Temos que edificar, construir uma cultura do encontro. [...] Jesus ama-vos muito! São Caetano ama-vos muito! E só vos pede uma coisa: que vos encontreis uns aos outros! Que andeis, procureis e vos encontreis com os mais necessitados!

Para Francisco, o encontro tem um caráter sacramental que se completa na "paciência de escutar": "Saibamos perder o tempo com eles (os jovens). Semear custa e cansa". A paciência de escutar é mais importante do que a fala normativa, imperativa e impaciente que quer que o outro assuma nossas convicções.

Por causa do caráter quase sacramental que Francisco atribui ao encontro, ele questiona o discurso de convencimento e pergunta: "Vais convencer o outro a tornar-se católico? Não, não, não! Vais encontrar-se com ele, é o teu irmão! E isto é o suficiente. E você vai ajudá-lo; o resto é feito por Jesus, o Espírito Santo faz. [...] E talvez Jesus te indique o caminho para te encontrares com quem tem maior necessidade. Quando te encontrares com quem tem maior carência, o teu coração começará a aumentar, a crescer, a dilatar-se! Pois o encontro multiplica a capacidade de amar".

Francisco é avesso ao "assédio espiritual" e à redução da religião a prescrições e castigos pelo não cumprimento das "obrigações". Bem na linha da *Evangelii nuntiandi* (1975), de Paulo VI, ele sabe que "o homem contemporâneo escuta com melhor boa vontade as testemunhas do que os mestres, ou, então, se escuta os mestres, é porque eles são testemunhas" (EN 41). E Bergoglio cita a expressão de Bento XVI, que ele qualifica de muito bonita: "A Igreja é uma proposta que chega por atração, não por proselitismo". Por isso, ele prefere o discurso de testemunhas convencidas e convincentes na certeza de que Jesus e o Espírito Santo fazem "o resto".

Nosso "ir ao encontro" abre a porta para que aquele que nós encontramos se encontre com Jesus. "'Ir ao encontro' é a atitude de deixar Deus, através de nós, 'atrair' os fugitivos de sua bondade e verdade. A Igreja deve aceitar essa liberdade incontrolável da Palavra, que é eficaz a seu modo [...], superando as nossas previsões e quebrando os nossos esquemas" (EG 22).

A dimensão teológica da missão foi decifrada a partir do próprio Deus Amor: "Em verdade vos digo: não foi Moisés quem vos deu o pão do céu. É meu Pai quem vos dá o verdadeiro pão do céu. Pois o pão de Deus é aquele que desce do céu e dá vida ao mundo" (Jo 6,33). Para que todos se possam tornar discípulos e discípulas de Deus, o Deus Amor sai de si mesmo, desce, atrai e abraça. A origem da missão é Deus Amor, e os caminhos da missão são traçados pela atração de Deus, e Deus "desceu" nesses caminhos antes de nós os percorrermos. Não podemos imaginar criação desligada da encarnação ou anterior a ela.

E aquele que é o "Enviado do Pai" (cf. Jo 17,3-18) lembra e anuncia essa finalidade e mediação da descida e do abraço de Deus: "Ninguém pode vir a mim, se o Pai que me enviou não o atrair" (Jo 6,44). O contexto da multiplicação dos pães, em que se encontra esse verso, nos coloca no contexto pascal (Jo 6,1-13). O paradigma da "atração de Deus" é o paradigma da libertação desde as origens de tudo que existe, da libertação do planeta Terra das trevas (cf. Gn 1,2ss) e do ser humano do barro. O paradigma da "atração" é o paradigma da "missão", do encantamento da missão por Deus. E o paradigma da missão não visa somente à saída da escravidão. No deserto e na Terra Prometida, Deus já esperava seu povo.

Talvez possamos compreender melhor o paradigma da atração da missão de Deus e da atratividade da Igreja em saída com uma metáfora em que o dom da fé possa ser entendido como um jardim. As missionárias e os missionários são zeladores desse jardim e de suas flores, que atraem borboletas. Não são caçadores de borboletas. Não fomos enviados para correr atrás de almas perdidas, mas para salvar e atrair vidas pela beleza convidativa da nossa fé vivida no mundo. A missão resgatou a força atrativa do Evangelho.

Quando vivemos a mística do encontro e a graça

> de nos aproximar dos outros com a intenção de procurar o seu bem, ampliamos o nosso interior para receber os mais belos dons do Senhor. Cada vez que nos encontramos com um ser humano no amor, somos capazes de descobrir algo de novo sobre Deus. Cada vez que os nossos olhos se abrem para reconhecer o outro, ilumina-se mais a nossa fé para reconhecer a Deus. [...]. Um missionário plenamente devotado ao seu trabalho experimenta o prazer de ser um manancial que transborda e refresca os outros. Só pode ser missionário quem se sente bem procurando o bem do próximo, desejando a felicidade dos outros. Essa abertura do coração é fonte de felicidade, porque "a felicidade está mais em dar do que em receber" (EG 272; At 20,35).

A Igreja em saída exige "prudência e audácia" (EG 47), "coragem" (EG 33, 167, 194) e "ousadia" (EG 85, 129). Belos costumes que não servem mais à transmissão do Evangelho: "Não tenhamos medo de os rever!" (EG 43). Nas histórias de salvação, aparecem constantemente essa audácia e esses riscos de saída.

> Abraão aceitou o chamado para partir rumo a uma nova terra (cf. Gn 12,1-3). Moisés ouviu o chamado de Deus: "Vai; Eu te envio" (Ex 3,10), e fez sair o povo para a Terra Prometida (cf. Ex 3,17). [...] Naquele "ide" de Jesus, estão presentes os cenários e os desafios sempre novos da missão evangelizadora da Igreja, e hoje todos somos chamados a esta nova "saída" missionária (EG 20).

Como operacionalizar essa saída, "sair da própria comodidade e ter a coragem de alcançar todas as periferias" (EG 20)? Na saída, a missão encontra obstáculos: poeira, lama, pecado. O Papa Francisco prefere "uma Igreja acidentada, ferida e enlameada por ter saído pelas estradas, a uma Igreja enferma pelo fechamento e a comodidade de se agarrar às próprias seguranças" (EG 49).

Fidelidade e coragem! Prudência e audácia! Fidelidade e coragem caminham entre dois abismos: o tradicionalismo, que aprisiona o imaginário, e o rigorismo impaciente do tudo ou nada. Coragem e fidelidade nascem, renascem e se sustentam reciprocamente no signo da misericórdia. E Francisco pondera que se fechar em casa é mais perigoso do que falhar no caminho:

> Mais do que o temor de falhar, espero que nos mova o medo de nos encerrarmos nas estruturas que nos dão uma falsa proteção, nas normas que nos transformam em juízes implacáveis, nos hábitos em que nos sentimos tranquilos, enquanto lá fora há uma multidão faminta (EG 49).

"A Igreja 'em saída' é a comunidade de discípulos missionários [...], que se envolvem, que acompanham, que frutificam e festejam" (EG 24). O modelo dessa missionariedade é a itinerância do próprio Jesus. "A intimidade da Igreja com Jesus é uma intimidade itinerante, e a comunhão 'reveste essencialmente a forma de comunhão missionária'" (EG 23).

A proposta da "Igreja em saída", por hora, é mais assumida nos documentos das Igrejas locais do que nas suas práticas pastorais. As Diretrizes Gerais da Ação Evangelizadora da Igreja no Brasil (2015-2019), por exemplo, assumem o paradigma da "Igreja em saída" como pressuposto da encarnação: "Viver o encontro com Jesus Cristo implica necessariamente amor, gratuidade, alteridade, unidade, eclesialidade, fidelidade, perdão e reconciliação".[4] Falta, porém, mais audácia e coragem para transformar as Diretrizes em propostas concretas de uma "Igreja em saída" e para conferir à *Evangelii gaudium* uma assunção mais do que protocolar. Por ocasião da Jornada Mundial da Juventude, em seu discurso aos bispos do Brasil, em 27 de julho de 2013, o papa cobra essa coragem do episcopado brasileiro:

> É preciso ter a coragem de levar a fundo uma revisão das estruturas de formação e preparação do clero e do laicato da Igreja que está no Brasil. Não é suficiente uma vaga prioridade da formação, nem documentos ou encontros. Faz falta a sabedoria prática de levantar estruturas duradouras de preparação em âmbito local, regional, nacional [...].[5]

---

[4] *Diretrizes Gerais da Ação Evangelizadora da Igreja no Brasil (2015-2019)*. São Paulo, Paulinas, 2015 (Documentos da CNBB 102, n. 15).

[5] *Palavras do Papa Francisco*, cit., p. 102.

Lembremo-nos de São Francisco que, ao abraçar o leproso, se converteu. E lembremo-nos do Papa Francisco: a convite do Evangelho "ousemos um pouco mais no tomar a iniciativa!" (EG 24). "O Evangelho convida-nos sempre a abraçar o risco do encontro com o rosto do outro, com a sua presença física que interpela, com o seu sofrimento e suas reivindicações, com a sua alegria contagiosa permanecendo lado a lado" (EG 88). Na entrada messiânica de Jesus em Jerusalém, a unidade entre o Nazareno e o Deus Amor era tão forte, que Jesus pôde exclamar: "Quando eu for levantado da terra, atrairei todos a mim" (Jo 12,32). Missão significa também se deixar cair nos braços de Deus.

8.3 Misericórdia

A palavra "misericórdia" faz parte da biografia do Papa Francisco. Na festa litúrgica de São Mateus, no dia 21 de setembro de 1954, Dia dos Estudantes e início da primavera, o jovem Jorge Mário Bergoglio viveu uma experiência quase mística, sentindo de um modo especial o chamado misericordioso daquele Deus que "saiu ao seu encontro e o convidou a segui-lo". Mais tarde, em sua última entrevista radiofônica antes de ser eleito papa, diria sobre essa experiência que fez nascer sua vocação sacerdotal: "Deus me priorizou. [...] Senti como que se alguém me agarrasse por dentro e me levasse ao confessionário".

Desde aquele tempo, a proximidade de Deus misericordioso na vida faz parte da biografia do Papa Francisco e está presente em seu lema episcopal: "Olhou-o com misericórdia e o escolheu" (*miserando atque eligendo*), que resume a ação de Deus em sua vida: "Jesus viu um homem, chamado Mateus, sentado à mesa de pagamento dos impostos, e lhe disse: 'segue-me'". É na casa de Mateus, na casa de um marginal social, que Jesus defende a misericórdia para com publicanos e pecadores contra o rigorismo dos fariseus: "Misericórdia é que eu quero, e não sacrifício" (cf. Mt 9,13; Os 6,6).

Com seu lema "Olhou-o com misericórdia e o escolheu", Francisco traz um recado para a Igreja que o escolheu como papa: Nós não podemos podar a misericórdia de Deus com a tesoura do legalismo. Misericórdia, porém, não significa nem "o gozo espúrio de uma autocomplacência egocêntrica" (EG 95), com vícios internos da Igreja, nem autorreferencialidade que, em vez dos pobres e dos que sofrem, coloca a si mesma no centro das preocupações pastorais. A graça do chamado de Deus e sua misericórdia com a fragilidade daquele que foi chamado são como um bastão na vida de Mário Bergoglio. O desafio existe na aceitação do passado, que pode ter sido não heroico, e na assunção das limitações que fazem parte da vida. Só pode ser redimido o que foi assumido (cf. *Puebla* n. 400) e tudo aquilo que se assumiu com toda a sua fragilidade.

No dia 8 de dezembro de 2015, dia jubilar do encerramento do Concílio Vaticano II (1965), iniciou-se em Roma o "Ano Santo da Misericórdia". Alguém poderia perguntar: O que o cinquentenário da conclusão do Concílio Ecumênico Vaticano II tem a ver com a misericórdia? Francisco responderia, provavelmente, com as palavras de João XXIII: "Nos nossos dias, a Esposa de Cristo prefere usar mais o remédio da misericórdia que o da severidade", ou com as palavras de Paulo VI: "Desejamos notar que a religião do nosso Concílio foi, antes de mais, a caridade" (*Misericordiae vultus*/MV 4). A comunidade missionária precisa constantemente aprender de Deus o "desejo inexaurível de oferecer misericórdia", de "tomar iniciativa sem medo", de "procurar os afastados e chegar às encruzilhadas dos caminhos para convidar os excluídos" (EG 24). "Derrubadas as muralhas que, por demasiado tempo, tinham encerrado a

Igreja numa cidadela privilegiada, chegara o tempo de anunciar o Evangelho de maneira nova" (MV 4).

No simbolismo eclesial, essa coincidência do jubileu de ouro do Vaticano II com a abertura da Porta Santa na Basílica de São Pedro como "Proclamação do Jubileu Extraordinário da Misericórdia" nos lembra de que o Vaticano II não foi um evento encerrado com novas fórmulas e formalismos, mas que continua sendo um processo que precisa passar sempre de novo pela peneira da memória e da porta da misericórdia. Sempre precisamos ser lembrados – e essa é uma tarefa da Igreja – de que a salvação oferecida por Deus "é obra da sua misericórdia. Não há ação humana, por melhor que seja, que nos faça merecer tão grande dom. Por pura graça, Deus atrai-nos para nos unir a si" (EG 112). Sempre que alguém "rompe a barreira da indiferença", encontra aberta a "Porta da Misericórdia" (MV 15).

O chamado dos eleitos, de Davi e Pedro, de Paulo e Agostinho não aconteceu por causa de seus méritos, mas por causa da misericórdia de Deus. O povo de Israel compreendeu a Lei como Dom do amor de Deus, não como castigo. A misericórdia é uma herança da "espiritualidade judaica do pós-exílio, que atribuía um especial valor salvífico à misericórdia" (EG 193).

Esquecimento e rigidez pós-conciliares produziram, através de algumas intervenções eclesiásticas, rupturas com a herança do Concílio. Com o Papa Francisco veio uma ventania do Espírito Santo para superar o ponto morto da estagnação e para "dobrar o que endureceu" (cf. Sequência de Pentecostes). A Porta Santa foi aberta para o reencontro com o Concílio e para a missão como saída (cf. EG 20ss) até as periferias do mundo.

A misericórdia não é uma *black friday* da Igreja que promete baratear seus produtos. A EG recorre a Tomás de Aquino para lembrar: "A misericórdia é a maior de todas as virtudes: 'É por isso que se diz que é próprio de Deus usar de misericórdia e é, sobretudo nisto, que se manifesta a sua onipotência'" (EG 37). Na misericórdia, Deus se faz pequeno como no presépio e na cruz. Na misericórdia, estão embutidos a gratuidade da diaconia, o perdão permanente, a ruptura com os sistemas que operam na base do binômio "custo-benefício", sem misericórdia e sem esperança, que têm sua raiz na fidelidade de Deus. A Igreja cumpre a sua missão quando se torna "o lugar da misericórdia gratuita, onde todos possam sentir-se acolhidos, amados, perdoados e animados a viverem segundo a vida boa do Evangelho" (EG 114).

A misericórdia é uma porta aberta para ir e vir. Por isso, a Igreja é chamada a "ser sempre a casa aberta do Pai" (EG 47). Essa abertura pode apontar para um espaço físico "com as portas abertas" (EG 47). Mas há outras "portas" que também não devem estar fechadas: a da participação,

> de alguma forma, da vida eclesial [...]. Isto vale, sobretudo, quando se trata daquele sacramento que é a "porta": o Batismo. A Eucaristia, embora constitua a plenitude da vida sacramental, não é um prêmio para os perfeitos, mas um remédio generoso e um alimento para os fracos. [...] A Igreja, porém, não é uma alfândega, mas a casa paterna, onde há lugar para todos com a sua vida fadigosa (EG 47).

A porta aberta é sinal de um ir e vir livre, de envio e acolhida.

Francisco sonha com "uma Igreja capaz de redescobrir as entranhas maternas da misericórdia. Sem a misericórdia, poucas possibilidades temos hoje de inserir-nos em um mundo de 'feridos', que têm necessidade de compreensão, de perdão, de amor".[6]

---

[6] Ibid., p. 104.

A misericórdia é a alegria sobre a perda de uma graça ou de um bem material recuperados. O capítulo 15 do Evangelho de Lucas nos fala de três perdas – a ovelha, a moeda, um filho – e de três alegrias. "Estas três parábolas", explica-nos o papa,

> falam da alegria de Deus. Deus é alegre! E isto é interessante: Deus é alegre! E em que consiste a alegria de Deus? A alegria de Deus é perdoar, a alegria de Deus é perdoar! É o júbilo de um pastor que encontra a sua ovelha; a alegria de uma mulher que encontra a sua moeda; é a felicidade de um pai que volta a receber em casa o filho que se tinha perdido, que estava morto e reviveu, voltou para casa. Aqui está o Evangelho inteiro! Aqui está! Aqui está o Evangelho inteiro, todo o Cristianismo! Mas vede que não se trata de sentimento, não é "moralismo"! Pelo contrário, a misericórdia é a verdadeira força que pode salvar o homem e o mundo [...]. Somente o amor pode fazer isto, e esta é a alegria de Deus! [...]. Na realidade, só a justiça de Deus nos pode salvar! E a justiça de Deus revelou-se na cruz: a cruz é o juízo de Deus sobre todos nós e sobre este mundo. Mas como nos julga Deus? Dando a vida por nós! Eis o gesto supremo de justiça que derrotou de uma vez por todas o Príncipe deste mundo; e este gesto supremo de justiça é também, precisamente, o gesto supremo de misericórdia.[7]

A misericórdia não substitui a justiça, pelo contrário, a ultrapassa: "Jesus vai além da lei, a sua partilha da mesa com aqueles que a lei considerava pecadores permite compreender até onde chega a sua misericórdia" (MV 20). Segundo Santo Agostinho, "é mais fácil que Deus contenha a ira do que a misericórdia" (MV 21). A misericórdia é central no anúncio da Boa-Nova. Ela é trinitária: "É o fogo do Espírito Santo que se

---

[7] Papa Francisco no *Angelus* na Praça de São Pedro, 15 de setembro de 2013.

dá sob a forma de línguas e nos faz crer em Jesus Cristo, que, com a sua morte e ressurreição, nos revela e comunica a misericórdia infinita do Pai" (EG 164). Por isso, "a credibilidade da Igreja passa pela estrada do amor misericordioso e compassivo" (MV 10).

8.4 Opção pelos pobres

O dinamismo missionário da Igreja se dirige a todos, mas o Evangelho indica prioridades, porque somos enviados "sobretudo aos pobres e aos doentes, àqueles que muitas vezes são desprezados e esquecidos, 'àqueles que não têm com que te retribuir' [Lc 14,14]" (EG 48). A opção pelos pobres é seguimento de Jesus e acolhimento dos protagonistas de seu Reino.

Em seus discursos axiais da Sinagoga de Nazaré (Lc 4), das Bem-Aventuranças (Mt 5) e do Último Juízo (Mt 25), Jesus de Nazaré é muito claro. Os protagonistas de seu projeto, que é o Reino, são as vítimas (pobres, cativos, cegos, famintos, oprimidos, outros, enfermos). Reconhecer o outro pobre em sua dignidade e alteridade não significa inclusão sistêmica, mas um convite para participar na transformação desse sistema. Impulsionar práticas significativas de participação do povo de Deus é uma expressão coerente da natureza missionária da Igreja.

"Deus 'manifesta a sua misericórdia antes de mais' a eles [aos pobres]. Esta preferência divina tem consequências na vida de fé de todos os cristãos [...] Inspirada por tal preferência, a Igreja fez uma opção pelos pobres" (EG 198). O autor da EG sonha com "uma Igreja pobre para os pobres. Estes têm muito para nos ensinar. Além de participar do *sensus fidei*, do faro da fé, nas suas próprias dores conhecem Cristo sofredor. É necessário que todos nos deixemos evangelizar por eles" (EG 198). A evangelização é um processo recíproco: "A Igreja não evangeliza, se não se deixa continuamente evangelizar" (EG 174) pelos pobres.

> A nova evangelização é um convite a reconhecer a força salvífica das suas vidas, e a colocá-los no centro do caminho da Igreja. Somos chamados a descobrir Cristo neles: [...] a acolher a misteriosa sabedoria que Deus nos quer comunicar através deles (EG 198).

Concretamente, o desejo de ser "uma Igreja pobre para os pobres" (EG 198) não nos permite cultivar "um cuidado exibicionista da liturgia, da doutrina e do prestígio da Igreja" (EG 95). A liturgia não é um cerimonial de uma corte da Idade Média, que pode impedir "que o Evangelho adquira uma real inserção no povo fiel de Deus e nas necessidades concretas da história" (EG 95). A opção pelos pobres lembra a evangelização das suas origens simples. O grupo dos doze apóstolos se assemelhou mais a uma pastoral de pescadores do que a um seminário acadêmico. Facilmente, a ministerialidade pode transformar-se "num funcionalismo empresarial, [...] em que o principal beneficiário não é o povo de Deus, mas a Igreja como organização" (EG 95).

> Para a Igreja, a opção pelos pobres é mais uma categoria teológica que cultural, sociológica, política ou filosófica. Deus "manifesta a sua misericórdia antes de mais" a eles. Esta preferência divina tem consequências na vida de fé de todos os cristãos [...]. Inspirada por tal preferência, a Igreja fez uma opção pelos pobres (EG 198).

A prioridade dos destinatários pobres exige uma prioridade de preocupações. "Se alguma coisa nos deve santamente inquietar e preocupar a nossa consciência é que haja tantos irmãos nossos que vivem [...] sem uma comunidade de fé que os acolha, sem um horizonte de sentido e de vida" (EG 49).

Lugar de atuação e horizonte da "Igreja em saída" são as periferias, os lugares de trabalhos precários e as ruas que se tornaram moradias de muitos. Ser Igreja em saída para as margens não é natural, é opção que "deriva da nossa fé em Cristo, que se fez pobre e sempre se aproximou dos pobres e marginalizados" (EG 186). As periferias, que são lugares de encontro com os marginalizados e os marginais, os fugitivos e os refugiados, com os desesperados e os excluídos, são também lugares do encontro com Deus, que no presépio se fez pequeno; no Egito se fez um refugiado; no monte das oliveiras, um desesperado; no tribunal da época, um acusado; na cruz, um condenado à morte e, aparentemente, um abandonado por Deus e pela humanidade.

Pela encarnação, Deus tem experiência com as periferias existenciais e geográficas. Além do sacrário, a periferia é o lugar seguro do encontro com esse Deus anônimo e pobre, escondido e fiel. Se a *Evangelii gaudium* nos diz: "Todos somos convidados a aceitar este chamado: sair da própria comodidade e ter a coragem de alcançar todas as periferias que precisam da luz do Evangelho" (EG 20), não quer dizer que as periferias sejam lugares das trevas. O sofrimento, o abandono e o pecado podem obscurecer nosso tempo de vida e aprofundar nossa solidão. Mas é tarefa da missão mostrar que a luta pela vida é a luta pela glória de Deus que irrompe nas trevas históricas, na audácia do líder tupinambá Babau, na gratuidade da vida da Irmã Dorothy Stang, na solidariedade dos mártires da UCA de El Salvador, na fidelidade dos sete mártires trapistas de Tibhirine, na Argélia (1996). Todos eles, que vieram da grande aflição das periferias, souberam viver "a afetividade irmanada com a racionalidade da luta" e "a eficácia na loucura da gratuidade"[8] tentando construir um mundo para todos. Eles não precisam de holofotes nem da propaganda midiática, "não precisam de sol nem de lua para sua iluminação, pois a glória de Deus é a sua luz e a sua lâmpada é o Cordeiro" (Ap 21,23).

Visando à vida para todos, Francisco pode generalizar: "No coração de Deus, ocupam lugar preferencial os pobres, tanto que até ele mesmo 'se fez pobre' (2Cor 8,9). Todo o caminho da nossa redenção está assinalado pelos pobres" (EG 197). Ouvir o clamor dos pobres não é um mérito especial, mas expressão da nossa fé na presença de Deus e expressão da nossa indignação contra aqueles que tentam apagar essa glória de Deus, eliminando os marginalizados.

Nesse contexto, o Papa Francisco cita longamente os bispos do Brasil:

> Desejamos assumir, a cada dia, as alegrias e esperanças, as angústias e tristezas do povo brasileiro, especialmente das populações das periferias urbanas e das zonas rurais – sem terra, sem teto, sem pão, sem saúde – lesadas em seus direitos. [...] Escandaliza-nos o fato de saber que existe alimento suficiente para todos e que a fome se deve à má repartição dos bens e da renda (EG 191).

Privilegiar as periferias não seria uma quebra do princípio evangélico da igualdade? O papa responde com clareza:

> Hoje e sempre, "os pobres são os destinatários privilegiados do Evangelho", e a evangelização dirigida gratuitamente a eles é sinal do Reino que Jesus veio trazer. Há que afirmar sem rodeios que existe um vínculo indissolúvel

---

[8] CONSELHO INDIGENISTA MISSIONÁRIO (CIMI). *Plano Pastoral*. 4. ed. Brasília, 2015, n. 86.

entre a nossa fé e os pobres. Não os deixemos jamais sozinhos! (EG 48).

A opção pelos pobres é antes de tudo uma opção de Deus que tem a raiz na sua misericórdia. Jesus entrega ao pequeno rebanho seu Reino e, "transbordando de alegria no Espírito, bendiz o Pai por lhe atrair os pequeninos" (cf. Lc 12,32; 10,21; EG 141).

Se a alegria do Evangelho deve alcançar toda a humanidade, por que uma opção preferencial pelos pobres? Na universalidade da Boa-Nova da *Evangelii gaudium*, como também da *Gaudete in Domino*, Exortação apostólica sobre a alegria cristã (1975), trata-se de uma universalidade com prioridades: "Não nos podemos esquecer de que o Evangelho foi anunciado em primeiro lugar aos pobres e aos humildes, com o seu esplendor tão simples e com todo o seu conteúdo" (GD V/42). Para o anúncio da Boa-Nova, os pobres são o caminho, não o limite. A alegria do Evangelho aparece nos lugares do despojamento de Jesus: no presépio, no batismo no Jordão, na casa de Nazaré, na cruz e na ressurreição. A prioridade de pessoas e lugares simples reluz também na EG: "Hoje e sempre, os pobres são os destinatários privilegiados do Evangelho, e a evangelização dirigida gratuitamente a eles é sinal do Reino que Jesus veio trazer" (EG 48).

A universalidade com prioridades refere-se não só aos sujeitos da evangelização, mas também aos conteúdos. Para o contexto ecumênico, O Vaticano II advertiu, no Decreto sobre o ecumenismo, "que existe uma ordem ou 'hierarquia' de verdades na doutrina católica, já que o nexo delas como fundamento da fé cristã é diverso" (UR 11,3; GS 37,1). Isso vale para o conjunto doutrinal, mas também no anúncio catequético ou dominical existe uma "hierarquia das verdades" (EG 47), que deve ser observada:

> Uma pastoral em chave missionária não está obcecada pela transmissão desarticulada de uma imensidade de doutrinas [...]. O anúncio concentra-se no essencial, no que é mais belo, mais importante, mais atraente e, ao mesmo tempo, mais necessário (EG 35).

Na opção pelos pobres são embutidas três opções: uma opção pelos lugares (periferias), outra pelos sujeitos (os pobres, os outros, os que sofrem) e mais outra pelas doutrinas.

Logo no início de seu pontificado, o Papa Francisco descreveu em sua entrevista ao jesuíta Antônio Spadaro o rumo que a Igreja deveria tomar:

> Vejo com clareza que aquilo de que a Igreja mais precisa hoje é a capacidade de curar as feridas e de aquecer o coração dos fiéis, a proximidade. Vejo a Igreja como um hospital de campanha depois de uma batalha. É inútil perguntar a um ferido grave se tem o colesterol ou o açúcar altos. Devem curar-se as suas feridas. Depois podemos falar de todo o resto. Curar as feridas, curar as feridas... E é necessário começar de baixo.[9]

8.5 Diálogo com a humanidade

A ressonância da Boa-Nova no mundo globalizado e pluricultural depende de múltiplos diálogos com a humanidade. Precisamos aprender "certas características do anúncio [...]: proximidade, abertura ao diálogo, paciência, acolhimento

---

[9] *Entrevista exclusiva do Papa Francisco ao Padre Antônio Spadaro, sj.* São Paulo, Paulus/Loyola, 2013, p. 19.

cordial" (EG 165). O diálogo não é uma competição em torno da verdade, mas expressão "de um olhar solidário para contemplar, comover-se e parar diante do outro" (EG 169). Precisamos iniciar-nos "na 'arte do acompanhamento', para que todos aprendam a descalçar sempre as sandálias diante da terra sagrada do outro" (EG 169; cf. Ex 3,5).

O diálogo exige, "nas circunstâncias atuais, uma profunda humildade social" (EG 240). Só assim ele pode perpassar todas as dimensões do agir eclesial, interno e externo: a liturgia, a pastoral, a diaconia social, a dimensão ecumênica e inter-religiosa, a sinodalidade e a subsidiariedade. *Ad extra*, a EG destaca

> três campos de diálogo em que a Igreja deve estar presente, cumprindo um serviço a favor do pleno desenvolvimento do ser humano e procurando o bem comum: o diálogo com os Estados, com a sociedade – que inclui o diálogo com as culturas e as ciências – e com os outros crentes que não fazem parte da Igreja Católica (EG 238).

O prefixo de um verdadeiro diálogo é o reconhecimento da alteridade do outro. Esse reconhecimento significa superação do colonialismo e da colonialidade, que procuram reduzir o outro ao mesmo ou a uma pessoa inferior. "As diferenças entre as pessoas e as comunidades por vezes são incômodas, mas o Espírito Santo, que suscita essa diversidade, de tudo pode tirar algo de bom e transformá-lo em dinamismo evangelizador que atua por atração" (EG 131).

A evangelização das Américas começou com a destruição da diversidade cultural, incluindo a diversidade religiosa e a negação do diálogo. Cristóvão Colombo resume a sua terceira viagem às Américas, de 1498, com essas poucas palavras: "*Acá es otro mundo*". E desse outro mundo, os conquistadores procuraram fazer um mundo igual ao seu, uma "Nova Espanha". E, ao atravessar o Equador com 44 companheiros, no dia 22 de fevereiro de 1691, o jesuíta Antônio Sepp anota em seu diário: "Costuma-se mudar tudo sobre o Equador. [...] Numa palavra, tudo aqui é diferente, e está a cunhar a expressão, chamando a América de 'mundo às avessas'".[10] Em sua descrição, um mundo de cabeça para baixo.

Hoje, quando a Igreja Católica reza em cada missa pela "unidade no Espírito Santo", reza pela unidade na diversidade, sempre ameaçada por particularismos, monopólios da verdade, exclusivismos e exigências de uniformidade. "A diversidade", nos diz a *Evangelii gaudium*, "deve ser sempre conciliada com a ajuda do Espírito Santo; só ele pode suscitar a diversidade, a pluralidade, a multiplicidade e, ao mesmo tempo, realizar a unidade" (EG 131).

O Vaticano II deu passos significativos para a descolonização da Igreja, a assunção da alteridade e a construção do diálogo com as diferentes culturas e contextos. Para o bem da humanidade, a *Gaudium et spes* solicita uma ampla colaboração: "Todos os homens, crentes e não crentes, devem prestar seu auxílio à construção adequada deste mundo" (GS 21,6), o que exige um "sincero e prudente diálogo" (ibid.). A *Gaudium et spes* já inclui as intenções essenciais da Declaração *Dignitatis humanae*, sobre a liberdade religiosa (DH), e da Declaração *Nostra aetate*, sobre as relações da Igreja com as religiões não cristãs (NA). Nas discussões acirradas em torno da elaboração de todos os documentos conciliares, manifestaram-se barreiras profundas entre mentalidades e tradições. A última barreira para a missão – a afirmação do monopólio salvífico –,

---

[10] SEPP, Antonio. *Viagem às missões jesuíticas e trabalhos apostólicos*. São Paulo, Itatiaia/USP, 1980, p. 85.

oficialmente foi superada, renasce sempre aqui e acolá, como um fogo que sai de cinzas descuidadas.

O diálogo não é uma estratégia sofisticada da missão, mas uma teologia, que emana do diálogo de Deus com a humanidade. Nessa teologia, a alteridade não é apenas tolerada, mas reconhecida como elemento constitutivo da liberdade do outro e da própria identidade. O diálogo é capaz de construir consensos e aceitar o mistério do outro, que escapa à maioria das analogias ou comparações. A diversidade do outro é singular. Cada redução da singularidade a denominadores comuns representa uma forma de colonização e violência. Nem o fundamentalismo, que procura impor a sua verdade aos outros, nem o relativismo sem convicções habilitam para o diálogo.

A partir desses aprendizados conciliares e pós-conciliares, o Papa Francisco construiu o paradigma do diálogo da EG, como um exercício prazeroso de comunicação e doação entre pessoas que se amam (cf. EG 142). A finalidade do diálogo inter-religioso não é a conversão do outro, mas o encontro com ele e o intercâmbio de dons recebidos. Em todas as questões de identidade e convivências "a Igreja é chamada a ser servidora de um diálogo difícil" (EG 74). Na evangelização, os primeiros passos são sempre a assunção da própria identidade e o reconhecimento da identidade do outro. O judeu Jesus reconhece o cumprimento da Lei maior pelo samaritano. O Evangelho se anuncia "em diálogo com outras ciências e experiências humanas" (EG 133), no mundo urbano e rural (cf. EG 72). Isso exige dos evangelizadores reflexões que "não se contentem com uma teologia de gabinete" (EG 133), mas que adquiram uma teologia experimentada na convivência pastoral.

Nos cenários de pluralismo cultural, procuramos construir um caminho que privilegia "o diálogo como forma de encontro, a busca de consenso e de acordos" (EG 239), sem perder a questão de fundo, a "preocupação por uma sociedade justa, capaz de memória e sem exclusões" (EG 239). As causas maiores da justiça nos unem além das identidades étnicas.

> O autor principal, o sujeito histórico deste processo, é o povo [...], não uma classe, uma fração, um grupo, uma elite. Não precisamos de um projeto de poucos para poucos, ou de uma minoria esclarecida [...]. Trata-se de um acordo para viver juntos, de um pacto social e cultural (EG 239).

Através do anúncio do Evangelho, em todas as dimensões pastorais (homilia, catequese, liturgia, obras de caridade), a EG procura propor esse caminho que privilegia o diálogo como método e o bem conviver como fim. Um modelo desse diálogo é "o diálogo de Deus com o seu povo, no qual se proclamam as maravilhas da salvação e se propõem continuamente as exigências da Aliança" (EG 137).

As grandes questões da humanidade não encontrarão soluções pela guerra, mas pelo diálogo. A Igreja não é protagonista, mas colaboradora nesse diálogo e, "juntamente com as várias forças sociais, acompanha as propostas que melhor correspondam à dignidade da pessoa humana e ao bem comum" (EG 241).

Na ação evangelizadora, o diálogo visa à valorização recíproca da ação pela paz. "O diálogo entre ciência e fé também faz parte da ação evangelizadora que favorece a paz" (EG 242).

Existe um campo vasto e necessário de diálogo entre credos e religiões, que não significa relativização das próprias convicções, mas reconhecimento de outros caminhos que procuram aproximar-se ao mistério inesgotável de Deus.

> A verdadeira abertura implica conservar-se firme nas próprias convicções mais profundas, com uma identidade

clara e feliz, mas "disponível para compreender as do outro" e "sabendo que o diálogo pode enriquecer a ambos". Não nos serve uma abertura diplomática que diga sim a tudo para evitar problemas, porque seria um modo de enganar o outro e negar-lhe o bem que se recebeu como um dom para partilhar com generosidade (EG 251).

No diálogo ecumênico e inter-religioso,

> devemos sempre lembrar-nos de que somos peregrinos, e peregrinamos juntos. Para isso, devemos abrir o coração ao companheiro de estrada sem medos nem desconfianças, e olhar primeiramente para o que procuramos: a paz no rosto do único Deus (EG 244).

No diálogo sempre ampliamos a nossa tenda!

O Papa Francisco nos explica que "o diálogo inter-religioso é uma condição necessária para a paz no mundo e, por conseguinte, é um dever para os cristãos e também para outras comunidades religiosas" (EG 250). Nesse diálogo, segundo a EG, "aprendemos a aceitar os outros, na sua maneira diferente de ser, de pensar e de se exprimir. Com este método, poderemos assumir juntos o dever de servir a justiça e a paz [...]. Um diálogo no qual se procurem a paz e a justiça social, é [...] um compromisso ético que cria novas condições sociais" (EG 250), capazes de transformar o mundo.

Por fim, temos que reconhecer também a sinodalidade como uma forma profunda de diálogo:

> Se realmente acreditamos na ação livre e generosa do Espírito, quantas coisas podemos aprender uns dos outros! Não se trata apenas de receber informações sobre os outros para os conhecermos melhor, mas de recolher o que o Espírito semeou neles como um dom também para nós.

Só para dar um exemplo, no diálogo com os irmãos ortodoxos, nós, os católicos, temos a possibilidade de aprender algo mais sobre o significado da colegialidade episcopal e sobre a sua experiência da sinodalidade. Através de um intercâmbio de dons, o Espírito pode conduzir-nos cada vez mais para a verdade e o bem (EG 246).

9

"A alegria do Evangelho" vista no retrovisor e com binóculo

No retrovisor da Igreja percebemos hoje que o Papa Francisco delineou, na Exortação apostólica *Evangelii gaudium*, o projeto de seu pontificado, muito além de uma síntese das proposições do Sínodo dos Bispos, sobre o tema: "A nova evangelização para a transmissão da fé cristã" (7 a 28 de outubro de 2012). Com a EG, Francisco conseguiu reverter o clima depressivo daquela XIII Assembleia Sinodal, que deu a impressão de uma reunião de "perdidos no mato, sem cachorro" e sem saída para o século XXI. Era a noite de silêncios impostos e da incomunicabilidade de muitos; de suas exigências e da irrelevância de sua presença para o mundo. Seu telhado de cobre esverdeado era um efeito de pátina, sem conotação com o verde da esperança; tornou-se exótica em muitas expressões formais e na defesa de prescrições mais medievais que evangélicas.

Com a proposta de uma "Igreja em saída", o Papa Francisco mudou a perspectiva pós-sinodal. Sua mensagem conseguiu nos surpreender. Na EG fala alguém, não na calada da noite ou em códigos difíceis, mas em voz alta e com palavras claras, na luz do dia. E ele nos diz: o futuro da Igreja não aparece no retrovisor. Precisamos reaprender a ser livres, a abrir as jaulas e a recuperar a alegria e a capacidade de sonhar. Precisamos localizar, através de um binóculo, novos horizontes do Cristianismo.

A mensagem do Papa Francisco era e continua sendo a transformação missionária da Igreja, e ela é possível! E somente através dessa transformação haverá uma nova Evangelização: "Ninguém põe vinho novo em odres velhos, senão, o vinho arrebenta os odres, e perdem-se o vinho e os odres. Mas vinho novo em odres novos!" (Mc 2,22). O Evangelho arrebenta uma Igreja cristalizada no "cômodo critério pastoral: 'fez-se sempre assim'" (EG 33) e uma Igreja enrijecida em formas medievais e adaptações mercadológicas, e, sem vontade de "repensar os objetivos, as estruturas, o estilo e os métodos evangelizadores" (ibid.), arrebenta o Evangelho.

A mensagem da EG é clara. Trata-se da construção de uma Igreja missionária, transformadora e sempre em transformação (cf. EG 27). Não se trata de uma transformação organizacional, técnica e mais eficiente, mas de conversão pastoral.

A conversão pastoral é concreta, comunitária, revolucionária. "Tenham a coragem de 'ir contra a corrente'", pediu Francisco ao despedir-se dos voluntários da Jornada Mundial da Juventude, no Rio de Janeiro: "Sejam revolucionários!".[1] Ir ao encontro significa se colocar na estrada da contracorrente social e da contramão cultural da nossa época. "Saída", "conversão", "proximidade" e "encontro" não são chaves mágicas para harmonizar todos os conflitos da Igreja. Levam-nos de volta à Jerusalém e ao abandono. Francisco nos consola lembrando o mandamento maior: "Nada é mais alto do que o abaixamento da cruz, porque lá se atinge verdadeiramente a altura do amor!". Nada é "mais forte que a força escondida na fragilidade do amor".[2]

---

[1] *Palavras do Papa Francisco*. São Paulo, Paulinas, 2013, p. 150.
[2] Ibid., p. 99.

Muitos dos conteúdos da EG, o papa assumiu e adaptou do Documento de Aparecida (DAp), onde ele, na época, fez parte da equipe de redação final. Focando as perspectivas de Aparecida num binóculo, já aparecem os contornos da "transformação missionária da Igreja". Ao reler o Documento de Aparecida percebe-se que quase tudo está sob o postulado de transformação: a realidade (DAp 210), o mundo (DAp 290), a sociedade (DAp 283, 330, 336).

Também a Igreja deve entrar nesse processo de transformação: "Nenhuma comunidade deve isentar-se de entrar decididamente, com todas as forças, nos processos constantes de renovação missionária e de abandonar as ultrapassadas estruturas que já não favoreçam a transmissão da fé" (DAp 365).

É bom lembrar que Francisco também trouxe de Aparecida o binômio "fidelidade e audácia" para a cátedra de São Pedro: "A Igreja é chamada a repensar profundamente e a relançar com fidelidade e audácia sua missão nas novas circunstâncias latino-americanas e mundiais" (DAp 11). Com Francisco, as "circunstâncias latino-americanas" se tornaram relevantes para as circunstâncias da Igreja universal, "que deseja reconhecer-se com a luz e a força do Espírito" (ibid.).

Alguns setores da Igreja europeia estranharam essas "transferências" pastorais. A experiência de uma Igreja local "nos confins do mundo" pode se tornar "relevante" ou até "normativa" para a Igreja universal?

Trata-se da questão da relevância da periferia da Igreja para seu centro ou não, e se a Igreja é casa ou calçada dos pobres (cf. DAp 8; 524), e se a "opção" pelos pobres é normativa ou optativa. Aparecida decidiu essa questão da "opção" em favor da normatividade: que a opção pelos pobres "seja preferencial implica que deva atravessar todas as nossas estruturas e prioridades pastorais" (DAp 396).

Entende-se também que setores alinhados com outros contextos socioculturais e outras opções pastorais encontram dificuldades ou entendem certas afirmações da EG até "escandalosas". Cada um pensa com a cadeira onde está sentado. Mas será que o Evangelho nos permite sentar em qualquer cadeira?

Aggiornamento não é uma encenação para "tomar posse" de uma paróquia ou diocese, mas um processo permanente e a longo prazo. A comunidade evangelizadora "acompanha a humanidade em todos os seus processos, por mais duros e demorados que sejam" (EG 24). Trata-se de uma presença significativa sem identificação ou acomodação. Abertura ao mundo e inculturação no mundo, como se diria mais tarde, não solucionam todas as tensões entre Igreja e mundo. Assumem os limites da presença dos cristãos no mundo, limites esses marcados pela inserção e não identificação com o mundo. Como viver a contemporaneidade secular sem secularização? Antigas perguntas são recolocadas no contexto contemporâneo.

A Igreja europeia, que se considerou séculos a fio "Igreja universal", teve dificuldades em reconhecer que ela também é apenas uma "Igreja local", historicamente construída. A "Igreja universal" não seria constituída pela soma de igrejas locais, com diferentes realidades socioculturais e pastorais que configuram uma unidade na pluralidade? Acerca disso, o Papa Francisco, em entrevista a Antônio Spadaro, se expressou assim: "Devemos caminhar unidos nas diferenças: não há outro caminho para nos unirmos. Este é o caminho de Jesus".[3] A visão da "unidade nas diferenças" vale para o contexto sinodal

---

[3] *Entrevista exclusiva do Papa Francisco ao Padre Antônio Spadaro*, sj. São Paulo, Paulus/Loyola, 2013, p. 24.

da Igreja, para a caminhada ecumênica e para os diferentes contextos socioculturais de uma Igreja mundial constituída por múltiplas igrejas locais.

Por causa dessa diversidade, a EG não sonha "com uma doutrina monolítica defendida sem nuances" (EG 40). E Francisco admite com certa modéstia que não é função do papa "oferecer uma análise detalhada e completa da realidade contemporânea" (EG 51). "Nem o papa nem a Igreja possuem o monopólio da interpretação da realidade social ou da apresentação de soluções para os problemas contemporâneos" (EG 184). Não é fácil distinguir o justo meio entre um pluralismo, que suporta toda espécie de contradições e, de fato, relativiza qualquer afirmação de verdade, e um exclusivismo dos "puros", "santos", "justos" e "ortodoxos", que qualificam facilmente qualquer opinião diferente da sua como heresia. Não é fácil abrir mão do monopólio da verdade e considerá-la, na maioria dos casos das ciências humanas, como resultado de uma construção histórica, consensual, dialogal e sinodal. Também na Igreja, a busca da verdade e de sua interpretação é tarefa comunitária.

Na *Evangelii gaudium*, os discípulos missionários de Aparecida se tornaram "evangelizadores que se abrem sem medo à ação do Espírito Santo" (EG 259), evangelizadores que anunciam "a Boa-Nova não só com palavras, mas, sobretudo, com uma vida transfigurada pela presença de Deus" (ibid.). O Espírito, que é o Pai dos pobres, convida a Igreja a reconhecer a força salvífica" (EG 198) da vida dos pobres, que "nas suas próprias dores conhecem Cristo sofredor. É necessário que todos nos deixemos evangelizar por eles" (EG 198). Entre os pobres, que têm pouca segurança na vida, pode-se experimentar aquelas alegrias missionárias que sempre nos convertem de novo ao Evangelho (cf. EG 7; 21).

Da América Latina, o Papa Francisco levou algo para Roma que a EG não menciona diretamente, a normalidade. Ela contrasta com cerimoniais de cortes e protocolos de embaixadas. Na volta da Jornada Mundial da Juventude (JMJ), do Rio de Janeiro, em 28 de julho de 2013, na entrevista final já no avião, uma jornalista perguntou-lhe sobre a maleta preta que sempre carrega consigo. Francisco respondeu: "Eu sempre levei a minha maleta. É normal. Temos de ser normais".[4]

O papa latino-americano introduz na Igreja não somente certa informalidade, como também normalidade nas relações entre Roma e os "confins do mundo", propondo ainda um novo modelo do discípulo missionário. O discípulo missionário será cada vez menos protagonista da missão e mais interlocutor convertido da mensagem que recebeu em vasos de barro. É enviado a interlocutores e não a destinatários da missão, porque ele mesmo é destinatário. A missionariedade faz parte do DNA do Cristianismo e da normalidade do ser cristão. "Os discípulos missionários acompanham discípulos missionários" (EG 173).

O "dinamismo evangelizador atua por atração" (EG 131) e por interlocução e não por proselitismo ou doutrinação. Ele não substitui o anúncio da Boa-Nova, mas está sempre em busca do essencial, da tradução cultural (inculturação), da inserção social e do assentamento vivencial da mensagem. E tudo que venha a contribuir para diminuir a distância entre os interlocutores e para intensificar sua empatia facilita a comunicação e o anúncio dessa "atrativa oferta de vida mais digna, em Cristo" (DAp 361), para todos.

---

[4] Encontro com os jornalistas durante o voo de regresso a Roma, 28.07.2013, sítio do Vaticano (w2.vatican.va).

Ainda com referência ao Concílio Vaticano II, Francisco inclui na conversão pastoral a "conversão do papado" (EG 32) e da Cúria Romana, advertindo contra "uma centralização excessiva" que "complica a vida da Igreja e a sua dinâmica missionária" (EG 32). As igrejas locais não são filiais da matriz romana. Francisco propõe a elaboração de "um estatuto das Conferências episcopais que as considere como sujeitos de atribuições concretas, incluindo alguma autêntica autoridade doutrinal" (EG 32). As Conferências episcopais precisam de maior autonomia para poder "aportar uma contribuição múltipla e fecunda, para que o sentimento colegial leve a aplicações concretas" (EG 32; LG 23).

Muitas transformações necessárias na Igreja, que observamos em nosso binóculo eclesial, são transformações culturais, historicamente possíveis, mas que provavelmente levarão séculos, porque pressupõem transformações da sociedade. A EG propõe a tarefa da superação do mal-estar causado pela orgia do mais, do mais rápido nos processos de produção e do mais quantitativo do consumo. Na esteira do Vaticano II, a EG questiona as forças centrífugas que dividem a humanidade. Mas ela mesma está dividida, além de um pluralismo saudável e pentecostal. Visão e inserção na realidade, contemporaneidade e consciência histórica delineiam a tarefa da transformação e da resistência à adaptação ao mercado e à ditadura do mais.

Em muitas oportunidades, quando o Papa Francisco faz a leitura da Boa-Nova como "Evangelho da Misericórdia" (EG 188) e "revolução de ternura" (EG 88), ele recorre ao Vaticano II e a seu realizador pós-conciliar, o Papa Paulo VI. Francisco é o elo enfraquecido ou, por vezes, perdido entre o Concílio, a Igreja de hoje e o mundo cada vez mais complexo. Como em 1958, com a eleição de João XXIII, em 2013, com Francisco, foi eleito um papa que disse que a Igreja não precisava de uma operação dogmática ou de mais severidade para com o mundo, mas de uma oxigenação pela realidade e pela misericórdia. Prefiro, dizia o Papa João XXIII em seu discurso de abertura do Concílio, no dia 11 de outubro de 1962,[5] o "remédio da misericórdia" ao da "severidade". A Igreja precisa estar pronta para dar a razão de sua esperança, não de sua ira, de sua severidade ou de sua desconfiança. O melhor convite da Igreja à conversão do mundo é o amor aos pobres.

A retomada radical do Concílio faz o Papa Francisco viver, hoje, como João XXIII à sua época, numa grande solidão institucional. Uns o consideram um pouco fora da curva, e outros como um acidente de percurso. Às vezes, parece que a máquina curial e paroquial não precisa de um maquinista, bastam os trilhos ontem autorizados, que permitem ao trem andar.

O Papa Francisco voa em alturas, como um condor latino-americano dos Andes. Antes de partir para a Europa, abriu as gaiolas e pediu aos aprisionados que saíssem e reaprendessem, corajosamente, a voar. Depois voou para Roma, não para depenar a águia envelhecida ou afugentar os morcegos do Vaticano, mas para convidar as pombas das praças romanas, as gaivotas de Lampedusa, os canários da terra de Anchieta, os sabiás do Brasil e os rouxinóis da Sicília, os urubus dos lixões e os pardais das ruas do mundo inteiro para ensaiar uma coreografia de voo livre, conduzido pelo Espírito. Procurou explicar a todos: "Não há maior liberdade do que a de se deixar conduzir pelo Espírito" (EG 280).

---

[5] KLOPPENBURG, Boaventura. *Concílio Vaticano II*, Petrópolis, Vozes, 1963, p. 310, v. II.

E conduzido pelo Espírito,
Francisco começou a cantar
na porta aberta da paz
convidou a sair da guerra
ensaiou um voo livre, fugaz
de volta aos confins da terra
para viver na fronteira – audaz.

Impresso na gráfica da
Pia Sociedade Filhas de São Paulo
Via Raposo Tavares, km 19,145
05577-300 - São Paulo, SP - Brasil - 2017